La suma de todas las partes

La suma de todas las partes

Una fábula empresarial sobre crecimiento personal, desarrollo profesional y liderazgo

RENATO BRESCIANI

G2000

Gestión 2000 es un sello editorial de Centro de Libros PAPF, SLU.
Av. Diagonal, 662-664
08034 Barcelona
www.planetadelibros.com

Primera edición: septiembre de 2025
Depósito legal: B. 11.896-2025
ISBN: 978-84-9875-597-8
Composición: Realización Planeta
Impresión y encuadernación: Liberdigital, S. L.
Printed in Spain - Impreso en España

Certificado PEFC
Este libro procede de bosques gestionados de forma sostenible y fuentes controladas
PEFC
PEFC/14-38-00305
www.pefc.es

A papá, por enseñarme todo lo que sé.
A mamá, por tu apoyo y amor incondicional.
A Ana, por mostrarme lo que es el coraje.
A Cami, por mantenernos unidos.
A Isabella, por inyectar alegría a nuestras vidas.

¡Ah! Y que no se me olvide, a todas las personas que tienen, han tenido o tendrán jefes de mierda.

Sumario

Tercera parte
El inicio del final

Primera parte

EL INICIO

Si realmente el sufrimiento diera lecciones, el mundo estaría poblado de sabios. El dolor no tiene nada que enseñar a quien no encuentra el coraje y la fuerza para escucharlo.

Sigmund Freud

1

El precedente

¿Una conversación cualquiera?

Hannah se encontraba al borde del abismo, con su carrera pendiendo de un hilo. Todo lo que había construido a lo largo del tiempo estaba en peligro.

Sin siquiera darse cuenta, una efímera visita al pasado le brindó una pequeña chispa de esperanza en medio de la crisis personal y emocional que atravesaba.

—¿Qué pasa? —preguntó su madre con una voz cálida y empática, mientras una fina niebla que la envolvía comenzaba a disiparse lentamente—. Sabes que me preocupa verte así.

Hannah se sentía incapaz de expresarse y encontrar las palabras. «¿Cómo demonios lo digo?», se preguntó a sí misma, conteniendo un «¡No puedo más! ¡Por favor, pégame un tiro ya! Estoy a punto de cortarme las venas, mamá...».

Sólo después de un esfuerzo, encontró el coraje necesario para liberar lo que llevaba dentro y deshacer uno de los nudos que tenía en la garganta.

—Estoy en apuros —balbuceó.

Después de unos segundos, su madre alzó los hombros, resopló como un poni y rompió el silencio que reinaba férreamente en aquel espacio en el que se encontraban.

—Vamos, no puede ser tan grave, ¿o sí? Piénsalo bien. Si fuera algo realmente malo, ni siquiera estarías aquí. Ya sabes lo que dicen, lo único que no tiene solución en esta vida es...

—Sí, sí, sí. La muerte y los impuestos —intervino Hannah, poniendo los ojos en blanco—. Otra vez con lo mismo... ¡No cambias!

Madre e hija se miraron y evaluaron la situación en silencio, tratando de entender lo que no necesitaba ser dicho.

En medio del tormento, el agobio y la confusión mental, Hannah sabía que debía medir sus palabras para no alarmar a su madre. Nunca le había gustado verla angustiada: había vivido demasiadas desgracias durante sus años de vida.

Cuerda floja

—Es-toy... en... la... cuer-da... flo-ja... —exclamó entre dientes antes de que las palabras que tenía en mente se desvanecieran sin poder terminar la frase.

De repente, se le quebró la voz, como solía ocurrirle cuando tenía las emociones a flor de piel. Le faltaba el aire y le costaba respirar. Y algunas tímidas lágrimas le rodaron por el rostro, las cuales se limpió como pudo con la manga de su jersey. Al recobrar el aliento, expresó:

—No he hecho más que trabajar toda la vida y, ahora, estoy en esta situación de mierda. Soy tonta, nunca pensé que me iba a tocar algo así. Estoy a punto de perder mi trabajo. ¿Y qué voy a hacer si eso pasa? ¡Si es lo único que tengo! ¿De qué voy a vivir? ¿Cómo voy a pagar la hipoteca? ¿El coche? Y lo peor es: ¿quién me va a contratar después de algo así? ¿Quién me va a querer en esta situación?

La emoción y el llanto la invadieron por completo. Menos mal estaba con su madre en un lugar en el que se sentía segura. En el confort de casa podría ser ella misma y atreverse a sacarlo todo para, finalmente, ser capaz de reflexionar sobre el camino a seguir. ¡Ya no podía esperar más! Tenía que expulsar y liberarse de aquello que se guardaba dentro. Especialmente sus frustraciones y miedos. Y luego, tratar de encontrarle sentido a todo lo que estaba imaginando y fantaseando.

Hannah se sentía atrapada en la oscuridad, al borde de perderse en el vasto y tenebroso bosque de la vida. Necesitaba a alguien que iluminara el camino a seguir. Más allá de un hombro en el que llorar y sollozar, su madre podía ofrecerle una perspectiva fresca, objetiva y holística de la situación; podía ayudarla a conectar los puntos y a ver el mapa completo.

Seguían mirándose fijamente, como dos boxeadores antes de iniciar el combate de sus vidas. Su madre no sabía si decir algo o no. No quería pronunciar algo inoportuno. No quería empeorar las cosas y echarlo todo a perder. Lo último que quería era que Hannah se pusiera a la defensiva y se apartara.

—Estoy aquí para apoyarte con lo que necesites. Lo sabes, ¿no? —comentó con un tono conciliador, amigable y pausado—. Yo también he pasado por situaciones difíciles y sé que en estos momentos es importante hacer un esfuerzo por esclarecer las ideas y tirar para adelante. Recuerda que Einstein decía que, en cierta medida, la vida es como montar en bicicleta: si paras, te caes. Por lo tanto, el mayor riesgo es que te quedes quieta...

—Ya —dijo Hannah con una voz parca y sobria—. Ya sé que es importante hablar las cosas, pero no entiendo por qué me está costando tanto esta situación. No logro entender por qué me duele de esta manera.

Frustración y rabia

Dudando seriamente si debía exponerse, Hannah tomó aire y se aclaró la garganta una vez más antes de continuar:

—Hace unas semanas tuve una discusión muy fuerte con mi jefe...

—Pero bueno, hija, sinceramente creo que hay cosas peores que ésas en la vida, ¿no? —intervino su madre con algo de ironía y desilusión.

—Déjame explicarte, por favor. No lo entiendes, ¡hay más! —dijo Hannah con las manos en la cabeza, tirándose del pelo—.

Fue una discusión inusual, inesperada e incómoda. Para ambos. —Y luego añadió—: El tipo se llama Vladimir. Creo que ya te había contado algo de él.

—Sí, sí, me acuerdo.

—¿Qué decir? ¡No es mala persona! Bueno..., por lo general, no. La verdad es que no lo conozco personalmente. No es un cabrón de esos que te imaginarías en las empresas de hoy en día que va por ahí como un tiburón o un tirano haciéndole la vida imposible a todos, día tras día. ¡No! La verdad, es un tipo normal...

—Y entonces, ¿qué es lo que pasa? —preguntó su madre—. Algo malo tiene que haber, ¿no? ¿Cuál es el problema?

Hannah empezaba a bajar la guardia. Finalmente se estaba abriendo. Comenzaba a sincerarse. ¡Y eso era bueno! ¡Casi nunca lo hacía!

Mientras Hannah reflexionaba y sopesaba qué decir a continuación, y cómo hacerlo, su madre aprovechó la oportunidad para levantarse del sillón en el que se encontraba y dirigirse a la cocina. Una vez allí, se sirvió un vaso de agua y le dio un par de sorbos. Pensó: «¿Qué estará pasando? ¿Qué me dirá esta criatura?».

Empezó a imaginarse lo peor. Se le tensaron los hombros y la espalda, y sintió cómo un aire frío le envolvía el cuerpo muy lentamente, de arriba abajo.

Tras sacudirse y quitarse de encima esa fea y extraña sensación, le sirvió un vaso de agua fresca a su hija, que esperaba reflexiva e inmóvil en el salón, completamente absorta en sus pensamientos.

Miró de reojo a Hannah después de acomodarse nuevamente en el sillón. Ni siquiera pestañeaba. Parecía una estatua. Y no lograba entender si eso era una buena o mala señal. Alzó un poco la voz y preguntó sutilmente:

—¿Todo bien, cariño? —Ocultando lo que realmente pensaba: «Creo que necesitas un whisky...».

—Sí, gracias. Lo del agua es buena idea. Estoy seca, tengo el paladar como un desierto —dijo—. Es que no entiendo por qué me cuesta tanto hablar de estas cosas. Y de esto, en particular.

Su madre respondió sin pensarlo:

—¿Y, bueno, por qué crees que te cuesta? ¿Qué es lo que te impide hablar de estos temas personales sin tapujos, como sí haces con todo lo demás? ¿A qué le temes?

La tensión se hizo sentir nuevamente, como si un océano entero quedara atrapado en las cuatro paredes que conformaban el salón en el que estaban.

—¿Y qué? ¿Y qué si tengo miedo? —se desahogó Hannah con un tono deliberado y amenazante, mirando intensamente a los ojos de su madre—. Tengo miedo a sonar como una niña malcriada que sólo sabe quejarse y llorar por todo lo que no le dan. ¿Y si los problemas en el trabajo no son tan importantes como parecen? ¿Es posible que sean sólo un producto prefabricado de mi imaginación?

—Anda, ¡sácalo ya! No tienes nada que perder. Al ponerlo en palabras podrás entender qué es lo que pasa de verdad y discernir lo que es real de lo que es mentira. Mira, primero, repasemos juntas los eventos. Y luego, nos ocuparemos de juzgar la situación por lo que es. ¿Te parece?

Esta vez, Hannah no se contuvo del todo:

—Es que no sé si estoy exagerando. ¿Sabes? ¡Quizá el problema real soy yo! Tal vez, después de todo, no pasa nada malo y, simplemente, estoy buscando excusas para evitar afrontar la situación. ¡Es que ni siquiera me reconozco!

Mientras pensaba en voz alta, se pasaba las manos por la cara, como si intentara despertar y ver la realidad de una forma objetiva de una vez por todas. Cuando finalmente paró de restregarse las manos por los ojos, volvió a dirigir la mirada hacia su madre y expresó:

—Te voy a contar varios sucesos, ¿vale? Y tú me dices tu opinión. ¡Podrás juzgar tú misma la situación! Y basándote en tu lectura me podrás decir, y ayudar a entender, si mi rabia y frustración se justifica o no. ¿OK?

El primer episodio

—Hace unas semanas tuve que acompañar a Vladimir a una reunión. Teníamos que ir a ver a un cliente para presentarle una nueva oferta comercial. Ya sabes cómo funcionan esas cosas; llevábamos una presentación y todo lo demás. Análisis, diapositivas, presentación, sonreír, fingir, vender. La lógica siempre es la misma. La oferta la habíamos revisado trescientas mil veces, una y otra vez. La habíamos mirado tantas veces que ya ni sabía lo que teníamos delante. ¡Éste solía ser el caso! Siempre era igual. Vueltas y vueltas y vueltas a todo. ¡El proceso era interminable! Y antes de la reunión también nos habíamos coordinado para presentar las ideas. «¡Preparar la coreografía!» es como lo llamaba. Había un fragmento de la presentación que, en teoría, debía llevar él, y otro fragmento que, en teoría, debía liderar yo. ¿Y sabes? Iba bien preparada; me acuerdo perfectamente. ¡Iba con mucha confianza!

—No me lo tienes que decir. ¡Te pega eso de estar siempre bien preparada! ¡Eso suena muy a ti! —intervino su madre rápidamente.

—El tema es que estar siempre superbién preparada no es lo más eficiente... —respondió Hannah frustrada—. Me acuerdo del momento exacto en el cual me tocó presentar mi parte. ¡Estaba más que lista! ¡Empecé bien! Estaba segura de mí misma. Sentía que estaba conectando con el cliente y su equipo. Sentía que nos estábamos entendiendo. Pero luego, ¡no te vas a imaginar lo que pasó! En el momento más inesperado, ¡en ese momento en el que sentía que todo iba sobre ruedas...

«¿Qué pasó?», se preguntó su madre a sí misma muerta de curiosidad.

—Dios, es que me sigue poniendo los pelos de punta pensar en ello. Incluso varias semanas después, y todavía me causa un enfado brutal. —Hannah tomó aire antes de seguir con la historia. Se notaba a leguas que no era fácil para ella hablar del tema—. El cabrón me dio una patada por debajo de la mesa para que me callara. ¡Eso fue lo que pasó! Sus palabras exactas en ese momento fueron: «Hannah, para ya. ¡Cállate! ¡Ya has hablado demasiado!».

—¿Qué...? —dijo su madre con los ojos abiertos como platos.

—¡Así mismo como lo estás oyendo! —continuó Hannah—. Nunca, pero nunca me olvidaré de esas palabras. Y menos de esa patada. Y tampoco de la manera en la que me miraba. Puf, ¡qué vergüenza! ¿Te imaginas? ¿Tú qué habrías hecho?

Su madre rebufó. Luego se acercó y la cogió de las manos. Ahora empezaba a entender por qué se encontraba así. Y por qué se sentía de esa manera.

—No lo sé. ¡No sé qué habría hecho! —exclamó en voz baja—. Es una de esas típicas situaciones que, si no la vives en persona, no puedes entender lo más mínimo. ¿Qué decir?... ¡Lo siento, hija!

—¿Pues sabes qué hice yo? —preguntó Hannah. Y luego, inmediatamente, se respondió a sí misma, algo decepcionada, tirándose del pelo y sacudiendo la cabeza de lado a lado—. Bueno, creo que es más fácil si te digo lo que no hice. No hice lo correcto. No hice nada bien. En ese momento lo eché todo a perder.

—¿Por? No entiendo. ¿Por qué lo dices? —preguntó su madre extrañada.

—Porque empecé a gritar como una loca. Ahí mismo, en la sala de reuniones. Delante de él. Y delante del cliente. Le dije que era un bastardo por mandar callar a una persona. Le dije que no podía tratar así a la gente. Ni él ni nadie tenía el derecho de hacerlo. Que me importaba un carajo si él era el jefe, y que mandar callar a alguien de esa forma, como a un perro callejero, era el más vil acto de cobardía. ¡Y que no se le ocurriera volver a hacer algo así de nuevo porque se iba a arrepentir!

Hannah se levantó de un salto, corrió hacia la ventana y la abrió de golpe. Cerró los ojos y dejó que el aire fresco del exterior la envolviera, como si quisiera liberarse de la tensión que la asfixiaba. Después, se giró, apoyó la espalda contra la pared y admitió con sinceridad, resignación y remordimiento:

—No me arrepiento de lo que dije. Lo único de lo que me arrepiento es de cómo lo dije.

Aire

Ya había pasado una hora desde que habían empezado a hablar. Sin embargo, Hannah sólo había presentado una pequeña parte de la historia. Quedaba más por decir. Era necesario rascar aún más a fondo para que su madre pudiera entender realmente todo lo que estaba pasando y por qué Hannah se encontraba al borde del abismo emocional.

—Mamá, ¿sabes qué? Yo necesito un poco de aire. Creo que me serviría salir un momento a respirar. ¿Qué te parece si seguimos hablando en la cafetería de la esquina? Esa que tanto te gusta... No creo que a esta hora haya mucha gente, ¿no? Podremos hablar tranquilamente. ¿Cómo lo ves?

—Perfecto —exclamó su madre—. Creo que también me vendrá bien salir. ¡Y hasta tomar un café!

Café

Hannah y su madre ocuparon una de las mesas de una acogedora cafetería en el corazón del barrio. Este lugar había sido testigo de innumerables momentos compartidos entre ambas a lo largo de los años, algunos alegres y otros no tanto. Los empleados, y hasta las paredes, objetos y utensilios del lugar habían presenciado muchas de sus conversaciones durante ese tiempo. Aquel momento, en esa misma cafetería, en esa mesa específica, en la esquina que tanto les gustaba, se desarrollaría una conversación más para añadir a la lista.

—Crees que estoy loca, ¿verdad? —preguntó Hannah con un tono bajo y retraído.

—Por supuesto que no —respondió su madre—. O, bueno, tal vez un poco. ¡Es de familia! ¿Sabes? ¡Es algo que no tiene remedio!

Rieron.

Mientras charlaban y disfrutaban de sus bebidas, las personas entraban y salían. Fuera, el sol de mediodía empezaba a calentar la ciudad. A pesar de que la temperatura dentro de la cafetería también iba en aumento, Hannah y su madre seguían cómodas y sumergidas en la conversación, al menos hasta que algo las interrumpió.

Noticias

—¿Hannah? —gritó una voz desde el otro extremo del local—. ¡Hola! No esperaba encontrarte por aquí...

Era una compañera de trabajo que se acercaba a saludarla, zigzagueando ágilmente entre las mesas y las personas como un esquiador profesional bajando una montaña a toda velocidad.

—Mira, te presento a mi madre —le dijo Hannah tras darle un afectuoso abrazo.

—¿Qué tal? Mucho gusto. ¡Encantada!

—Igualmente. Yo soy Inés —respondió su madre emocionada. A pesar de tener una buena relación con su hija y ser muy cercanas, no sabía mucho sobre su vida laboral. Hannah no era la persona más expresiva del mundo y siempre había sido reservada en algunas áreas. Sobre todo, el trabajo.

La amiga de Hannah estaba llena de energía. A primera vista, daba la impresión de ser muy activa. Además, parecía tener prisa, hablaba rápidamente y se las arreglaba para hacer varias cosas a la vez. Mientras mantenía la conversación con Hannah e Inés, realizaba su pedido, daba indicaciones al barista, pagaba y enviaba mensajes desde su móvil.

—Oye, Hannah, ¿ya te han llegado las noticias? —preguntó, como si estuviera insinuando algo importante.

—¿Cuáles noticias? —exclamó desconcertada y confundida.

Su amiga la miró a los ojos, la agarró de un brazo, se le acercó un poco más y, con un tono pausado y dramático, le susurró al oído:

—Me he enterado de que van a hacer algunos cambios en el equipo la próxima semana. ¡En tu equipo! ¿No has escuchado nada?

Hannah abrió los ojos como si se le hubiera aparecido la virgen. La sorpresa y la curiosidad la invadieron por completo.

—¿Qué estás diciendo? ¿Dónde has oído eso?

—Rocío López. Te suena el nombre, ¿no? Es la vicepresidenta de Recursos Humanos. Voy a clases de yoga con ella todas las semanas y, ¡ya sabes cómo es la gente! Hay personas que hablan y hablan y hablan. Pues Rocío es así. Apenas rompes el hielo, no para. ¡No se queda callada!

—Pero explícame una cosa, por favor. ¿Te dijo algo más? ¿Te dio algún detalle? ¿A qué se refería exactamente con cambios? —exclamó Hannah, ahora algo agobiada.

—¡No te lo vas a creer! Y, por cierto, esto no lo has escuchado salir de mi boca, Hannah. Parece que van a cambiar a tu jefe. No se sabe a dónde. Eso conllevará más cambios en el equipo. A ver dónde terminamos tú y yo...

¿Dónde estábamos?

«¿Y todo esto de qué va?», se preguntó Inés en silencio.

Tras despedirse, Inés y Hannah intentaron reanudar la conversación que habían dejado atrás. No obstante, el ambiente se había enfriado, habían perdido el impulso, y, de repente, la situación ya no resultaba tan llevadera como antes.

Hannah estaba sentada frente a su madre, pero su mente estaba en otro lugar. Después de unos segundos en los cuales el distanciamiento emocional y la frialdad se hicieron tan evidentes como el sol a mediodía en un cielo despejado, Hannah volvió a sus sentidos e intentó meterse de nuevo en la conversación. Dirigió la mirada hacia su madre y dijo:

—¿Te gustaría dar un paseo, mamá? Paguemos y vayámonos, que necesito salir de aquí.

Paseo

Aunque no lo admitiera abiertamente, las noticias que Hannah acababa de recibir la habían tocado, sacudido y aturdido. Le daba vueltas a lo que había oído, y ahora tendría que esperar hasta el lunes, o quién sabe cuándo, para comprender mejor la situación, confirmar la veracidad del mensaje y conocer qué le deparaba el futuro.

—No entiendo nada de lo que está pasando... —murmuró Hannah en un lenguaje casi irreconocible, como si le hablara a un ser de otra dimensión—. Madre mía, ¿por qué tantos cambios? ¿Acaso todas las empresas son iguales? Es un caos: cambios constantes, nuevos directivos, estrategias renovadas, planes inéditos, reestructuraciones y transformaciones, programas de gestión del cambio y modificaciones en las responsabilidades, chismes, politiqueo, conversaciones de pasillo, más chismes, y más politiqueo... Puf, ¡qué pereza, por Dios!

Inés seguía escuchando atentamente a su hija mientras caminaban por las ruidosas y ajetreadas calles de la zona.

—Y entonces, Hannah, ¿hay algo más?

—Sí —respondió cabizbaja—. No es mi intención generar todo este misterio, ¿sabes? Es que me cuesta hablar de todo esto...

Restaurante

Hannah y su madre deambularon por las callejuelas de la zona durante un buen rato. El tiempo avanzaba y se acercaba la hora del almuerzo. Hannah sugirió continuar la conversación en un restaurante italiano que conocía, un lugar que le gustaba y al que no había ido en algún tiempo.

Sentadas a la mesa, retomaron rápidamente la charla que habían dejado atrás. Inés tomó la iniciativa y preguntó:

—¿Y con tus compañeros del trabajo qué tal?

Hannah respondió con una carcajada:

—¡Vaya pregunta, Inés! He abierto la caja de Pandora y ahora vas con todo...

Ambas sonrieron con ironía.

La pregunta no era fácil de abordar. Se tomó un momento para reflexionar porque no tenía una respuesta inmediata y tampoco estaba segura de si quería llevar la conversación en esa dirección.

—Me parece que ya sé a dónde quieres llegar con todo esto, mamá. No olvides que te conozco bien. A veces puedo entender tus pensamientos sin que digas una palabra —dijo Hannah con un tono sarcástico, mientras miraba por la ventana del restaurante para evitar el contacto visual con su madre. Después volvió la mirada hacia Inés—. Hay otro episodio con mi jefe que todavía no puedo superar...

Al otro lado de la mesa, mientras masticaba un bocado de pan, la cara de su madre se ensombreció y su expresión se volvió grave, como si mirara un monstruo de dos cabezas. No sabía qué pensar ni qué decir. Una oleada de ideas y escenarios hipotéticos inundaron su mente. «A ver con qué va a salir ahora...», pensó.

—El tipo es un RA-CIS-TA —exclamó Hannah—. Y, la verdad, ¡no sé si estoy dispuesta a perdonar a alguien así!

Incrédula, Inés no tenía la más mínima idea de lo que estaba a punto de escuchar. Si antes sentía curiosidad e interés, ahora se trataba de pura intriga.

El segundo episodio

El tono derrotista de su hija sorprendió a Inés por completo. Por la manera en que se expresaba, notaba que estaba enfadada. No había un mínimo de cortesía ni diplomacia en sus palabras al hablar del trabajo y de su jefe, y eso la preocupaba. Sabía que cuando se perdía el respeto y la confianza, ya no había marcha atrás.

Hannah pensaba cuidadosamente en lo que iba a decir a continuación. Dada la gravedad de la situación y su estado de ánimo, sabía que tenía que calcular y medir sus palabras al milímetro.

—Hace unos meses, en uno de esos días típicos en la oficina, escuché algo que me impactó. No me gustó nada. Me revolvió el estómago...

La camarera acababa de traer la comida que habían ordenado. Sin embargo, ni Hannah ni Inés, sumergidas en la conversación más que nunca, se dieron cuenta del delicioso y generoso manjar que quedaba desatendido en la mesa.

Inés escuchaba con atención mientras Hannah trataba de detallar su versión de la historia:

—Creo que ya te había contado que generalmente el equipo y yo comemos juntos en la cafetería a la hora del almuerzo, ¿cierto? —Inés asintió sin interrumpir a su hija—. Bueno..., pues un día estábamos comiendo todos juntos. Había terminado de comer, me levanté y me dirigí a mi sitio. Caminaba pensando en lo que tenía que hacer, o quién sabe en qué, antes de retomar el trabajo de ese día. Mientras pasaba por delante de una de las salas de reuniones, que quedan a ambos lados de un largo pasillo que conecta la cafetería con el área de despachos, escuché algo que me llamó la atención. La puerta estaba entreabierta, y dado que las salas tienen paredes de vidrio, podía ver la sombra y la forma de la persona que estaba dentro. ¡Y lo vi a él allí! ¡Y lo escuché! Estaba hablando por teléfono, no sé con quién, pero alcanzaba a escuchar sus palabras. Al menos, una gran parte de ellas. Además, por la silueta, noté que estaba de espaldas a la puerta, mirando hacia fuera por el ventanal que hay en el otro lado de la sala en la que él se encontraba.

—¿Y? ¿Qué decía? ¿Qué escuchaste? —preguntó Inés.

Por un momento, reinó nuevamente el silencio y fue tan grande que pareció que el restaurante y la ciudad entera estaban dormidos. Mientras tanto, Inés esperaba ansiosa la respuesta. Hannah, por su parte, buceaba entre todas las ideas en su cabeza y le daba vueltas con el tenedor a la comida en el plato. Luego anunció:

—¡Los latinos son lo PEOR! ¡Son TONTOS! ¡Es como trabajar con animales! ¡Son una MIERDA! —Hizo una pausa, sacudió la cabeza y se restregó la cara fuertemente con la palma de las manos, como si tratara de despertar de una pesadilla—. Eso fue lo que escuché mientras pasaba por la sala.

Inés no supo cómo reaccionar. Ni qué decir. Ni qué pensar. Una parte de ella quería hacer preguntas para indagar y conocer más de aquel episodio. Otra parte de ella, en cambio, sentía la necesidad de ponerse el gorro de madre y consolar a su hija. Se quedó callada por un minuto y se puso en lo peor.

Hannah, encogida de hombros, resopló como una niña cansada y continuó:

—Ese episodio me sigue quemando. ¡Duele! ¡En ese momento

no hice nada! ¿Puedes creerlo? Y es que no es fácil de gestionar, porque tengo que trabajar con esta persona y lo tengo que aguantar todos los días. Y, ¿sabes?, no pensé que sería así, pero todas estas pequeñas cosas me están afectando. ¡Sobre todo cuando estoy en el trabajo!

En los minutos siguientes, Hannah e Inés terminaron la comida, el postre y el café. Inconscientemente, dejaron que la conversación se desviara hacia otros temas.

—Creo que es hora de volver a casa —murmuró Inés con una expresión suave que se perdió entre el ruido arrollador de los demás comensales del restaurante.

Llamada

Pasaron un par de días antes de que las dos volvieran a hablar sobre el tema en cuestión.

La semana laboral ya había comenzado para Hannah. Por el momento, era «más de lo mismo», como ella solía decir. La rutina se imponía rápidamente desde el inicio de la semana, con incendios que apagar aquí y allá y reuniones interminables que devoraban los minutos de la jornada y el tiempo que solía dedicar a todos sus problemas. De hecho, no había tenido ni un segundo para pensar en todo lo que la preocupaba y en la reciente conversación que había tenido con su madre. Le inquietaba dejar ese asunto aparcado por tanto tiempo. Era consciente de los desafíos que eso suponía. Si pasaba mucho tiempo, la conversación empezaría a caer en un agujero negro, en las garras del olvido. Y no podía darse el lujo de que eso sucediera. Ya había abierto la caja de Pandora, y ahora, tenía que afrontar las consecuencias. Era su responsabilidad. Tenía que tomar la situación por los cuernos y terminar de enfrentarla con el mismo coraje (en realidad, poco coraje) que había tenido al abrirla.

En cambio, para Inés, los últimos días no habían representado mayor apuro. Ya se encontraba en una etapa de su vida que le permitía afrontar el día a día con la calma que le exigía su cuerpo. Durante sus momentos de tranquilidad, que muchas veces ocupaban la mayor parte de su jornada, se preocupaba por Hannah y la situación en la que estaba.

Mientras se dejaba hipnotizar por uno de sus programas favoritos en la televisión después de cenar, sonó su móvil. Era Hannah, que la llamaba.

—Hola, mamá. ¿Cómo estás? ¿Qué tal la semana? —exclamó al oír a su madre en el otro extremo de la línea telefónica.

—¡Hola, querida! Todo bien. ¿Y tú?

Las dos conversaron durante un par de minutos para ponerse al día. Inés se sintió aliviada al escuchar a su hija. «Se la oye bien», se dijo a sí misma. Luego, se detuvo por un momento para tratar de encontrar las palabras que le permitieran retomar la conversación desde donde la habían dejado unos días atrás, pero no le resultó fácil. No encontraba la manera de hacer la transición sin cambiar por completo de dirección.

—¿Alguna novedad, cariño? —fue lo único que se le ocurrió decir mientras miraba de reojo la televisión que iluminaba su habitación.

—Hum, ¿novedades? —respondió Hannah con un tono sarcástico que su madre alcanzó a identificar desde el otro lado de la línea—. ¿Te refieres a mis planes para el próximo verano? ¿A qué está pasando en el mundo? ¿Al regalo que tengo pensado darle a mi mejor amiga para su cumpleaños?

—Bueno..., sí..., novedades... Me refiero a.... —titubeó.

Hannah sacudió la cabeza, puso los ojos en blanco, y, con un tono un poco más exaltado, expresó:

—Nada de novedades, mamá. Creo que sé a qué te refieres, ¿sabes?

—Entiendo. ¿Y a qué estás esperando?

—¿Para qué? —respondió Hannah de forma tajante.

Su madre notó que le costaba; simplemente, las palabras no fluían.

—¿Sabes? —volvió a insistir Inés—. A veces, pensarse tanto las cosas es simplemente una excusa para evitar lidiar con algo. No te voy a decir mucho porque se nota que ahora no quieres hablar de esto. El mejor consejo que puedo darte en este momento es que hables con tu jefe. Piensa bien en lo que quieres decir y cómo vas a decirlo. Y piensa en lo que quieres obtener y lograr tras el encuentro. Y, mira, si te resulta difícil encontrar respuestas a estos puntos, simplemente échate al agua y mantén la conversación. Sé madura y habla con él. Recuerda que al final de la vida nos arrepentimos más por todo lo que no hicimos que por las cosas que sí llevamos a cabo. ¡Te lo digo yo que soy mayor que tú! —Inés hizo una pausa para ordenar sus ideas y añadió—: ¿Qué es lo primero que necesitas hacer para que se dé la conversación? ¿Y para que salga bien?

—Hum..., pues... —A Hannah le costó arrancar más de lo que imaginaba. Pero luego encontró las palabras para verbalizar lo que tenía en mente—: Necesito entender cómo me siento. Las últimas conversaciones contigo han sido clave. Me has ayudado un montón. Poner todo esto en palabras me ha ayudado a aclarar todo mucho más de lo que pensaba.

—Qué bien, ¡eso es bueno! ¡Me alegra!

—Y..., lo segundo, creo que necesito identificar qué quiero sacar de todo esto. Es decir, ¿cuál es mi objetivo? Hace unos días no tenía para nada claro si quería seguir luchando por mi trabajo o no. Y, de nuevo, todo este proceso de introspección, reflexión y exploración me ha permitido, en cierta medida, salir de ese callejón sin salida en el que creía que estaba.

—¿Algo más?

—Sí. Pienso que lo tercero es, además de todo eso, definir lo que quiero decirle y cómo decírselo, como tú bien sugieres.

—¡Suena bien! —asintió Inés con una sonrisa que le iluminaba la cara—. ¿Hay algo adicional que tengas que sacar de dentro? ¿Hay algún demonio más que tengas que gestionar antes de ejecutar tu plan?

Hannah encogió los hombros, se mordió el labio inferior y pensó: «Puf, lo peor todavía está por venir...».

El tercer episodio

Al otro lado de la línea se escuchaba la respiración pesada y pausada de Hannah, que pensaba con esfuerzo qué responder a la última pregunta de su madre.

—¿Y bien, hija? ¡Anda! ¿Me vas a tener aquí todo el día? ¡Que tengo cosas que hacer! —exclamó Inés impacientemente—. Aprovecha que ya pasamos por lo peor. No pierdas la ventana de oportunidad que ya se ha abierto. Luego, si damos marcha atrás, será todo más difícil.

Hannah seguía secuestrada por las voces en su cabeza. Una parte de ella no quería quitarle más tiempo a su madre con sus propios problemas e indecisiones.

—Sí, ¡efectivamente! Hay más cosas por contar. Pero es que son tonterías. ¡En serio!

—Acuérdate que tú misma me dijiste que te hacía bien poner todo esto en palabras y hablarlo conmigo, ¿no es así?

—Sí. Eso dije —comentó Hannah con resignación. Ahora estaba con la espalda contra la pared. Y su madre tenía la espada—. Lo que pasa es que me estoy empezando a dar cuenta de que, tal vez, estoy exagerando. Y tú, si mal no recuerdo, una vez me dijiste que generalmente sufrimos más por lo que sucede en nuestra imaginación que por lo que verdaderamente pasa en la realidad. ¿No era algo así lo que solías decirme cuando tenía problemas?

—Pues sí, ¡justo eso te decía! —exclamó Inés—. Te acuerdas bien. Me alegra escuchar y saber que has llegado a esa conclusión.

Hannah sacudió levemente la cabeza en señal de frustración. Antes de retomar la conversación, tomó un respiro hondo y profundo. La bocanada de aire en sus pulmones le dio el empujón necesario para continuar desde donde la había dejado unos minutos atrás.

—Tan sólo ahora me doy cuenta de que es absolutamente ridículo enfadarme tanto por todas estas tonterías. ¡No entiendo por qué me afectan tanto estas pequeñas cosas!

—¿A qué te refieres? ¿Cuáles tonterías? —respondió Inés.

—Hay algo que me saca de quicio. ¿Sabes qué es? Bueno, para ser sincera, muchas cosas me hacen perder la paciencia. Como a todos, ¿no? Pero hay una cosa que me hace perder los estribos, la cabeza y todo lo demás: que me pongan palabras en la boca. No sé por qué... Creo que es porque me hace sentir como un títere. Como un esclavo. Como un perro domesticado.

—Vamos ya, ¡no seas exagerada!

Después de reordenar sus ideas, Hannah comentó:

—Hace un par de meses me pidieron que expusiera a un grupo de directivos un proyecto estratégico en el que habíamos estado trabajando con el equipo durante unos ocho meses. Un proyecto grande. De esos a los que les cuesta avanzar; de esos que se mueven al ritmo de un buque transoceánico de miles de toneladas. De esos que cuestan mucho dinero. Me habían dejado muy claro que tenía sólo diez minutos para hacerlo y que no podía usar más tiempo por nada del mundo. ¿Y sabes qué pasó la noche anterior a la presentación? Recibí un correo de mi jefe con un guion que especificaba al milímetro todo lo que tenía que decir, preguntar y hacer durante los diez minutos. ¿Puedes creerlo? ¡Ése es el nivel de control y de microgestión al que es capaz de llegar este hombre! ¿Acaso es necesario?

—¿Y por qué crees que lo hizo? —preguntó Inés extrañada—. Tiene que haber una razón o motivo, ¿no?

—No lo sé. No tengo ni idea. Pero me gustaría entenderlo mejor, porque hay varios episodios recientes como ése.

2

La situación

DESPERTADOR

BIP, BIP, BIP...

... BIP, BIP, BIP.

El estridente, aborrecible y penoso sonido del despertador, como un alarido de un monstruoso bot electrónico de otra dimensión, perturbaba los oídos de Hannah mientras su cuerpo yacía inmóvil en la cama. La única parte que empezaba a activarse poco a poco eran sus párpados, que se esforzaban por desprenderse de alguna lagaña que se aferraba como un niño a una pantalla de un iPad.

Las 7.00 de la mañana marcaban el inicio de un nuevo día. «Dios, es demasiado pronto para salir de aquí —pensó—. Vamos, levántate ya..., haz algo productivo con tu vida, mujer.»

Completamente consciente de la importancia del día que le esperaba en la oficina, Hannah se obligó a abandonar su lecho cuanto antes. Una reunión de equipo a primera hora aguardaba, un ritual ineludible cada lunes que marcaba el comienzo de la semana laboral. Aunque no era su momento favorito, reconocía su utilidad al proporcionar un panorama semanal y alinear esfuerzos. ¿Acaso los demás pensaban igual?

«A ver con qué salen hoy...», se dijo a sí misma mientras se quitaba de encima el sueño y la pereza y empezaba a prepararse.

Últimamente, enfrentaba desafíos durante estas reuniones colectivas. Involucrar y motivar al equipo se volvía cada vez más difícil. Hannah pensaba que si exponía claramente la agenda y definía bien el plan y las responsabilidades, luego la ejecución sería sencilla. Pero la realidad le demostraba lo contrario. Conversaciones desordenadas, atropelladas y desafiantes tenían lugar nada más empezar cada reunión, haciendo casi imposible acordar próximos pasos y hacer cosas útiles durante la semana.

«¿Cómo vamos a ejecutar si ni siquiera podemos ponernos de acuerdo sobre el plan a seguir? ¿Si el equipo ni siquiera compra las ideas? ¿Si ni siquiera presta atención?», se preguntaba frecuentemente con desconcierto y agobio. La preocupación que esto le generaba le dejaba un sabor amargo que solía perdurar toda la semana. Y así, todos los lunes, el ciclo comenzaba de nuevo.

Hannah sabía que su forma de liderar y trabajar tenía margen de mejora. Aunque había intentado diversas estrategias para involucrar al equipo, aún no hallaba la fórmula precisa. Su mente era un torbellino a primera hora, con múltiples voces internas luchando por imponerse y reclamar la posición dominante en su mente. Repentinamente, una voz sobresalió, eclipsando a todas las demás con una claridad sorprendente, y le recordó el sueño de la noche anterior.

Evocó cada detalle de su sueño, algo poco común. En él, había dialogado con su madre difunta sobre su trabajo, retos, problemas y frustraciones. «Qué raro —pensó—. ¡No es normal!»

La mayoría de los episodios que componían el sueño eran un fiel reflejo de la realidad: los problemas con el equipo, la falta de resultados y las exigencias directivas al alza para ejecutar un plan de choque y revertir la situación financiera del negocio. Todo eso era tan palpable como ineludible. Los dramáticos incidentes y episodios que protagonizaba su jefe, en cambio, eran tan sólo un producto de su imaginación. «¡Menos mal! —se dijo a sí misma—. Dios mío... No sabría qué hacer con mi vida si, además, enfrentara todos esos problemas con Vladimir. Madre mía, me estoy volviendo loca. ¡Necesito ayuda, tengo que hablar de esto con alguien!»

Inquieta y consternada por la mala energía generada por el sueño que había tenido la noche anterior, Hannah estaba segura de una cosa: se avecinaban tiempos difíciles, y debía estar preparada para gestionarlos.

Reunión de equipo

Hannah se aclaró la garganta, tomó aire delante de todos los presentes y dijo:

—¡Buenos días! ¿Cómo estamos hoy?

Silencio absoluto.

—Bueno, ya conocéis el motivo de estas reuniones semanales. El objetivo es, simplemente, revisar el plan de los próximos días, definir tareas, roles y responsabilidades para que podamos centrar bien el tiro. Como de costumbre, abriré un espacio al final para resolver dudas y preguntas. ¿Os parece bien?

Silencio de nuevo. Sólo se escuchaba el ruido de las teclas del móvil y del ordenador de varias personas que aprovechaban para responder mensajes en WhatsApp y correos pendientes.

«¿Qué mierda hago aquí?», pensó desilusionada.

Así eran todas sus reuniones últimamente: carecían de energía, pasión, compromiso, intencionalidad e incluso propósito. Esto, sin duda, la preocupaba. Era uno de esos problemas que le quitaban el sueño. Pero no sabía cómo cambiar las cosas, ni por dónde empezar. Cada minuto, su cabeza se sumergía en una marea de preguntas que regresaban como un bumerán lanzado con dominio y maestría. ¿Por qué la falta de implicación y motivación en su equipo? ¿Acaso no les importaba su trabajo? ¿No sentían entusiasmo por participar en los proyectos actuales? ¿Faltaba sentido de pertenencia al equipo y al rol? ¿O era algo personal con ella? ¿Estaban intentando boicotear sus esfuerzos? ¿Acaso podrían ser tan malvados y malintencionados?

Hannah continuó hablando con una confianza fingida en la que los demás no creían:

—Si nadie tiene nada que decir, comencemos con el primer punto de la agenda de hoy, las tareas pendientes. ¿Hay algo de la semana pasada que debamos revisar antes de adentrarnos en el plan de esta semana?

¡Eureka! Esta vez alguien interactuaba con ella. Desde el fondo de la sala de reuniones, una voz se alzó. Para su sorpresa, no era una respuesta a su pregunta lo que escuchaba. Era una de las quejas recurrentes de las últimas semanas:

—Nos faltan manos, Hannah. ¡Nos faltan recursos! ¿No os dais cuenta? Nos vendría bien un poco de ayuda, porque así es imposible mantener el ritmo.

No era la primera vez que alguien expresaba eso. Era verdad. Las restricciones y los recortes estaban afectando al equipo. Y todos estaban preocupados. ¡Se notaba a leguas!

—Mira, ya hemos hablado de esto muchas veces. ¡No es mi culpa! Observa a tu alrededor. Todos los demás equipos están en la misma situación y no hay nada que pueda hacer al respecto, ¿o sí? ¿Tú qué harías en mi lugar?

En la sala de reuniones, todos los ojos se perdían en el espacio, parecían barrer y escrutar el infinito con la mirada, como si estuvieran viendo a un extraterrestre, un fantasma o contemplando la *Mona Lisa* en el Louvre por primera vez. La tensión se palpaba en el ambiente tras el «contraataque» inadvertido de Hannah. Con los ojos cerrados, trató de escapar, aunque sólo fuera por un segundo, de la abrumadora situación.

Al intentar retomar los puntos de la agenda, Hannah se percató de que nadie le prestaba atención. Todos parecían haber perdido el interés. «Tengo que hacer algo al respecto», se instó a sí misma.

Durante la siguiente hora, Hannah trató de retomar las riendas de la reunión. Presentó el plan de la semana y los demás puntos de la agenda inicial, pero tenía la sensación de que hablaba frente a una pared. Nadie aportaba valor alguno.

Al finalizar, mientras desconectaba el cable HDMI que vinculaba su ordenador al proyector y recogía sus cosas, notó la presencia de alguien que se acercaba lentamente. Era Lena, como de costumbre, con una expresión poco amigable.

Conflicto a la vista

—El equipo está más desenganchado y desmotivado que nunca, Hannah. ¿Eres consciente o no? —exclamó Lena con un tono amenazante.

—Sí, sí. ¿Qué esperas que te diga? —respondió Hannah, anticipándose al siguiente ataque de Lena, que no tardó en llegar.

—¡Pues tienes que hacer algo! Porque la gente no se ha enterado de nada. ¿Les has visto las caras?

Hannah sentía cómo le empezaba a hervir la sangre y sacudió la cabeza en señal de frustración. Le llevó algún tiempo comprender cómo reaccionar, qué responder y cómo hacerlo. Mientras tanto, Lena seguía delante de ella, mirándola con un aire de amabilidad forzada, superioridad y soberbia.

—Y entonces, ¿vas a decir algo o no?

Hannah respiró profundamente.

—Creo que tienes razón. Por supuesto que lo he notado, no soy ciega. Pero ¿sabes qué? —Lena ni se inmutó. No se movía, parecía un perro de caza esperando la orden de ataque—. De momento no voy a hacer nada. Primero, tengo que racionalizar bien la situación. Sé que tengo que tomar medidas al respecto. Lo que está pasando es demasiado importante como para dejarlo para más adelante. Pero quiero gestionarlo de un modo que tenga sentido. Quiero hacer algo con cabeza. ¿Tú tienes claro cuál es la solución? ¿Tú qué harías? ¿Cuál crees que es el próximo paso que hay que dar para que la situación no empeore?

Lena se mordió el labio y desvió la mirada. Luego, puso los ojos en blanco y se retiró de la sala.

LinkedIn

Al concluir la jornada y, con una extraña y desalentadora sensación de no haber aportado valor alguno, Hannah regresó a casa exhausta y frustrada, siguiendo el mismo *modus operandi* de los últimos tiempos. Cada día, se levantaba tras una lucha vigorosa con el despertador, se duchaba y arreglaba (no por vanidad o amor propio, sino para tratar de lavar el cansancio y ocultar las bolsas negras debajo de los ojos que invadían su rostro durante las primeras horas de la mañana). Luego, se dirigía a la oficina, trabajaba a media marcha, tomaba café, intentaba colaborar con el equipo (aunque la frustración siempre se interponía), comía la insípida ensalada del negocio de la esquina, trabajaba un poco más, se conectaba a reuniones y llamadas, y regresaba a casa con el mismo semblante vacío y atribulado con el que había llegado por la mañana. Allí, se servía una generosa copa de vino (a veces dos o tres), se tumbaba en el sofá, veía capítulos de la serie de turno en Netflix, pedía la cena a domicilio, se lavaba los dientes, daba vueltas en la cama y trataba de dormir.

Mientras se giraba y se giraba en la cama, intentando negociar con la noche y conciliar el sueño, recibió un mensaje directo que, por enésima vez, la obligó a posponer la idea de bajar revoluciones y dormirse. «¡Qué extraño! —pensó—. ¿Quién será a estas horas?» La anticipación y la curiosidad vencieron su cansancio y abrió la aplicación de LinkedIn para ver el mensaje. «¡No puede ser! ¡Cuánto tiempo! Conociendo a Pepe, esto tiene que ser muy bueno o muy malo...», reflexionó.

La alegría de recibir noticias de Pepe después de tanto tiempo fue evidente. No sólo eran buenas noticias, sino también interesantes y oportunas. En medio de la oscuridad de la medianoche, interrumpida sólo por la luz ultravioleta de la pantalla de su móvil que le iluminaba la cara, Hannah terminó de leer el mensaje y sonrió por primera vez en el día. «¿Será posible? ¿Esto será verdad?»

Pepe

Pepe había sido jefe de Hannah hace algunos años. Se habían conocido en la escuela de negocios y habían desarrollado una amistad cercana. Tenían la misma edad, compartían *hobbies*, gustos, preferencias y estilo de vida. Los emocionaba saber que habían crecido en la misma ciudad y descubrieron rápidamente que sus madres también se habían conocido en la infancia. El vínculo de confianza entre ellos se empezó a consolidar rápidamente durante sus años de estudio y luego creció tras una experiencia laboral de tres años en una consultora de primer nivel. Además, durante su último año en la empresa, Pepe había sido su jefe. Ese período lo recordaba como una de las épocas más enriquecedoras de su carrera laboral.

Sin embargo, como muchas otras cosas en la vida, Hannah y Pepe habían tomado caminos distintos. Hannah había aceptado una oferta para unirse a una multinacional. Y Pepe, en cambio, había aceptado una oferta en una banca de inversión al otro lado del mundo.

Durante años habían mantenido el contacto. De vez en cuando se mandaban recuerdos por correo y por redes sociales. Sin embargo, hacía mucho tiempo que Hannah no tenía noticias de su amigo.

El mensaje

Hola, Hannah, ¿qué tal estás? ¡Espero que esté yendo todo superbién! Hace tiempo que no hablamos... por lo tanto, empiezo a echarte de menos. ¡Ja, ja!

Disculpa si encuentras mi mensaje demasiado directo (¡ya sabes cómo soy!). Estoy seguro de que muy pronto tendremos la oportunidad de ponernos al día, así que voy directo al grano.

Aquí en la empresa estamos buscando una directora comercial. Habrás visto en las noticias que la fusión va muy rápido, y estamos creciendo mucho. Por lo tanto, estamos buscando a alguien para esta posición lo antes posible. ¡Y pensé en ti!

De momento no sé mucho sobre el rol. No obstante, puedo decirte lo siguiente:

- Reportarás al CEO y CFO directamente.
- Tendrás carta blanca para definir la estrategia comercial de todo el negocio.
- Contarás con un salario base MUY interesante y un variable vinculado a resultados comerciales del año.

- Y contarás con un equipo compuesto por algunos de los mejores profesionales del sector.

¡Ah, bueno! Y que no se me olvide..., podrás trabajar conmigo de vez en cuando. ¡Ja, ja, ja!

Una última cosa. Me tomé la libertad de mandarle tu CV a la CEO hace unos días. ¡Y ya le he hablado de ti! ¡Quiere conocerte!

Dime si te interesa y hablamos...

Pepe

La reacción

Su mente daba vueltas. «¿Estará hablando en serio? ¿O es una broma?»

Hannah estaba en un frenesí. Leyó el mensaje varias veces para asegurarse de que entendía correctamente lo que acababa de recibir, e incluso revisó el remitente para cerciorarse de que no se trataba de un intento de *phishing*.

Su instinto le decía que debía tomar el teléfono y llamar a Pepe lo antes posible, pero ya era tarde. «Quizás debería esperar un poco», reflexionó.

Hannah se acomodó y comenzó a analizar la situación. En menos tiempo del que esperaba, la emoción y la euforia generadas por el mensaje de su querido amigo empezaron a desvanecerse, dando paso a que la realidad volviera a aconsejarle. Para su lado más racional, la oferta no cambiaba nada. En su cabeza, Hannah ya había tomado una decisión. Sabía exactamente qué quería hacer con su vida.

FaceTime

Hannah se contuvo y mantuvo la calma a pesar de lo contenta y emocionada que estaba. Conocía bien a su amigo y, por lo tanto, no quería darle la impresión equivocada. Sabía que si dejaba ver un poco de interés en la oportunidad, él aprovecharía la situación. Era un maestro en convencer y persuadir a las personas.

—¡Pepe! ¿Qué tal estás? Madre mía, ¿cuánto tiempo sin hablar? ¿Te pillo bien? ¿Tienes cinco minutos? —expresó Hannah al verlo por la pantalla de su móvil.

—¡Hola, querida! ¿Cómo estás? —respondió.

—No te voy a mentir, me sorprendió muchísimo tu mensaje. ¡Vaya bomba! —dijo Hannah—. Por un lado, hace mucho que no sabía de ti. Y por otro, ¡no era un simple saludo! Venía con oferta y todo... Una oferta interesante...

—¿Interesante? —interrumpió Pepe—. ¡Hannah! Seamos sinceros. ¡Ésta es la oportunidad de tu vida! ¡Y no te he dicho aún cuánto pagan!

Los dos rieron antes de que Pepe continuara:

—Pero, vamos a ver, fuera de bromas, esto es en serio, Hannah. Confías en mí, ¿verdad? Sabes lo que pienso de ti, y te admiro. Creo que eres la mejor persona para esto.

Esta vez fue Hannah quien lo interrumpió:

—Dios, ¡aquí vamos! ¿Y cómo lo sabes exactamente, querido Pepe? Ya sé que nos conocemos bien, pero hace mucho que no hablamos...

Pepe hizo lo posible por sonar sincero. No tenía nada que esconder:

—Hay presión de tiempos. Hay cierta urgencia en ocupar el cargo, Hannah. Acabo de hablar con la CEO y me pidió que la ayudara a agilizar este proceso. Ése es el motivo del mensaje.

—Pero me imagino que vosotros habréis abierto un proceso formal de contratación en paralelo, ¿cierto? Seguro que hay más candidatos, ¿no?

—¡Por supuesto! Eso es seguro. ¡Tiene que ser así! Pero quiero que sepas que estás más que recomendada. Estás interesada, ¿verdad?

Silencio.

Tan sólo unos segundos más tarde, Pepe se enteraría por boca de Hannah de que tenía otro reto en mente. Hannah ya había decidido lo que quería hacer con su vida. Estaba más que determinada y decidida a superar los desafíos y los retos que tenía en su rol actual.

3

El campo de juego

Newenergy

Hannah había dedicado los últimos cinco años de su carrera a Newenergy, una empresa energética erigida en los años setenta que desplegaba sus operaciones en Europa, el norte de África y algunos mercados de Sudamérica. La compañía se especializaba en la exploración, producción, transporte y refinamiento de petróleo, y comercializaba productos a través de diversos canales para llegar a clientes industriales y particulares.

Hacía ya un par de años, en sintonía con la ola de innovación que barría el sector energético, el equipo directivo de Newenergy había tomado la audaz decisión de reinventar la compañía. Por tanto, la empresa se había aventurado en nuevos negocios comerciales diseñados para responder a la urgente necesidad de liderar la transición hacia un modelo centrado en energías renovables y de bajas emisiones. Entre estos negocios más recientes se encontraba la venta de electricidad y gas (aprovechando la capilaridad de sus canales de distribución y el extenso volumen de clientes en su base de datos), la generación y producción de energías renovables y los servicios de eficiencia energética. Ahora, la esencia de la estrategia empresarial actual se centraba en trazar y liderar una nueva hoja de ruta hacia la descarbonización.

Hacia el exterior, la cúpula directiva de Newenergy manifestaba un compromiso total con la oportunidad estratégica y la responsabilidad de evolucionar hacia modelos energéticos descarbonizados. Este cambio buscaba responder a las diversas exigencias y necesidades de la sociedad, las comunidades y los gobiernos de los países en los que la empresa operaba. Sin embargo, hacia dentro, la historia era distinta. La realidad que vivían los miles de empleados decía que Newenergy era un dinosaurio en vías de extinción. La institución estaba saturada de jerarquías, burocracia, canales, sistemas, procesos, protocolos y prácticas laborales clientelistas que dificultaban cualquier cambio significativo. Aunque muchos empleados desconfiaban de la empresa y su liderazgo debido a estos obstáculos, una considerable proporción había recuperado la esperanza tras el anuncio de la estrategia renovada. Ahora se avecinaba un nuevo capítulo de transformación para todos. Aunque, por ahora, no se habían materializado cambios internos, en el ambiente se percibían ansias de algo nuevo.

Las ganas, la motivación y la ilusión eran los ingredientes secretos necesarios para comenzar a dar pasos en la dirección correcta. No era coincidencia que el equipo de Hannah compartiera esta misma necesidad.

Aunque Newenergy estaba emergiendo como una empresa innovadora y pionera en el sector, no se encontraba sola. Toda la industria temblaba ante el terremoto de cambio que empezaba a hacerse sentir. El equipo directivo de la empresa experimentaba la creciente presión derivada de las altas expectativas generadas entre accionistas y analistas de mercado para mejorar continuamente los resultados.

En términos generales, éste era un momento crucial para la empresa; un punto de inflexión claramente visible se presentaba en el horizonte. Todos los líderes y los mánager eran conscientes de que la capacidad de ejecución era clave. Todos debían estar preparados para dar lo mejor de sí mismos con el fin de alcanzar el éxito. Esto incluía a Hannah y a su equipo.

El equipo

Hannah lideraba un equipo comercial en uno de los negocios más tradicionales y arraigados de la empresa. Su labor principal consistía en la venta de carburantes, lubricantes prémium y otros productos y servicios relacionados con diversos segmentos de clientes, que abarcaban el sector agroindustrial, construcción y obras públicas, así como otros canales minoristas.

A pesar de que no se trataba de un negocio sofisticado ni particularmente atractivo, Hannah veía más allá de los productos que comercializaban. Se sentía impulsada por la ilusión de liderar un negocio y un equipo, maximizar resultados, mejorar las formas de trabajar, optimizar los canales, colaborar estrechamente con los clientes, expandir el negocio y adquirir cada vez más responsabilidad en una industria que constituía la piedra angular de la economía nacional y mundial.

Cada uno de sus reportes directos supervisaba a su propio grupo de personas, algunos con equipos más grandes que otros. Por lo general, la variable que determinaba la dimensión de los equipos era la experiencia y los resultados obtenidos. Por ejemplo, Lena encabezaba el grupo más grande, con alrededor de veinte personas a su cargo en distintos puntos de la región. En cambio, otros integrantes del equipo con menos experiencia ejecutaban y realizaban el trabajo a través de grupos más pequeños.

Cada integrante tenía la responsabilidad de gestionar uno o varios segmentos de clientes, una estructura que se había mantenido históricamente y que, hasta la fecha, no había experimentado cambios significativos.

Lena

A pesar de su gran experiencia en el negocio y los excelentes resultados que lograba año tras año, Lena aún conservaba su juventud y un halo de energía. Había dado sus primeros pasos en el negocio hace unos ocho años como asistente de ventas, y desde entonces había rotado por los distintos segmentos, áreas y funciones y se había convertido en un recurso con una gran visión global de negocio, *expertise* comercial y potencial ilimitado. Conocía a la perfección los canales, los segmentos, los clientes, los equipos y los productos. Su ambición no tenía límites. Frecuentemente, aprovechaba cada oportunidad que podía para dejarlo muy claro. «Me encanta trabajar aquí. ¡Y quiero llegar muy alto!», decía con entusiasmo.

Más allá de su ambición, era conocida en el equipo por su agudeza, curiosidad intelectual y perfeccionismo. Se exigía mucho a sí misma y a quienes trabajaban a su lado diariamente. Hannah la había conocido hacía unos años y admiraba su capacidad para analizar la situación, centrar el tiro rápidamente y tomar decisiones sin titubear. Además, Hannah había notado que se apalancaba en su energía inagotable y en su habilidad para comunicarse de forma efectiva para motivar a un equipo de vendedores dispuestos a dar lo mejor de sí con el objetivo de lograr las metas establecidas en cada período. No obstante, Hannah sentía inquietud por su creciente ego, que parecía expandirse como una burbuja inmobiliaria. El último año, a Lena le habían asignado el segmento de clientes industriales, uno de los más grandes en términos de volumen de ventas e ingresos reportados, y desde entonces había empezado a chocar cada vez más con otros interlocutores del negocio por su altivez y engreimiento.

Pablo

Pablo destacaba como una de las figuras más respetadas en el equipo. Para muchos (si no todos) era la figura paternal del grupo. Su experiencia y sabiduría constituían una fuente invaluable de tranquilidad y orientación para todos, quienes acudían a él en momentos de incertidumbre y crisis. Su disposición a ayudar, independientemente del momento, lo convertían en un recurso imprescindible, que facilitaba un ambiente de equipo en el que la experiencia y la energía positiva florecían.

Lo que realmente distinguía a Pablo era su excepcional habilidad para analizar los problemas ajenos y, al mismo tiempo, conectar y empatizar con los demás. Esta combinación única y especial le permitía posicionarse como mentor y *coach* para muchos integrantes del grupo. Pablo se había incorporado al equipo de Hannah hacía más o menos tres años, después de una década repleta de experiencias que lo habían llevado a recorrer el mundo, visitando y trabajando en plataformas de producción *offshore*.

En la actualidad, Pablo lideraba el segmento de clientes del sector de la construcción y obras. Él y su equipo gestionaban las ventas de productos para maquinaria pesada y grúas, elementos esenciales que constituían auténticos monstruos de acero y posibilitaban la realización de proyectos millonarios en esa industria. A pesar de ser un negocio lucrativo, su naturaleza cíclica y la reciente crisis económica representaban un desafío considerable para el equipo, que aún no tenía claro cómo superarlo. Hannah había empezado a notar cómo la presión, la angustia y la frustración se apoderaban de Pablo, y, frecuentemente, reflexionaba sobre la mejor manera de ayudarlo y apoyarlo en estos momentos difíciles.

Ernesto

A pesar de trabajar en un entorno empresarial altamente burocrático y tradicional, que sometía los recursos humanos a manuales y protocolos estrictos que definían rigurosamente las formas de hacer y trabajar, Ernesto no dejaba de tomar la iniciativa y cuestionar el *statu quo*. Una de sus preguntas preferidas era: «¿Y qué tal si probamos estas ideas?».

Resultaba sorprendente para todos, incluida Hannah, que alguien como Ernesto continuara aportando ideas y manteniendo niveles tan elevados de implicación en un ambiente laboral que ofrecía tan poco margen para la innovación.

Ernesto contaba con muchos años de experiencia. Era uno de esos individuos que llevaba un considerable tiempo en el mismo rol, lo cual empezaba a generar preocupación tanto en Hannah como en otros directivos del negocio. En los últimos meses, había acumulado un récord inusual de altibajos en su desempeño (y resultados), al igual que en su estado emocional. Algunos días de la semana se le veía enfocado, motivado e implicado, dando lo mejor de sí. Otros días, en cambio, Ernesto no era ni la sombra de su mejor versión.

«¿Cuál será la fuente de su malestar y descontento?», se preguntaba Hannah. Ante la falta de coraje para tener una conversación que permitiera entender por qué se encontraba así y el impacto que esto tenía en el equipo y en el trabajo, lo único que podía hacer era suponer e imaginar las causas. «¿Acaso siente que ya ha tocado techo, y, por tanto, ha tirado la toalla y hace lo mínimo posible para sobrevivir y no meterse en problemas? ¿Estará aburrido del trajín de sus clientes? ¿Tendrá problemas en casa o en su vida personal?»

El día a día de Ernesto era el que más se asemejaba al de un vendedor de la vieja escuela, ya que dedicaba gran parte de su tiempo a estar «en la calle», persuadiendo a dueños y gestores de estaciones de servicio y talleres mecánicos para renovar los contratos de suministro de los productos de Newenergy. Sus clientes eran auténticos «huesos duros de roer», y gestionarlos podría pasar factura a cualquiera.

Jaime (ex)

Lena, Pablo y Ernesto conformaban el corazón y motor del equipo, ya que, recientemente, una de las piezas clave del rompecabezas había decidido dar un paso al costado al aceptar una oferta «mejor» en una empresa competidora. Hannah se reprochaba a sí misma todos los días no haber hecho lo suficiente para convencerlo de quedarse. Era una pena haber perdido a Jaime, quien era considerado «más bueno que el pan», como se solía decir en las conversaciones de pasillo.

Aunque Jaime había estado poco tiempo en el equipo, había logrado hacerse un lugar importante durante el año que había trabajado con Hannah y sus compañeros. Se había convertido en un pilar fundamental, especialmente en los momentos difíciles, a pesar de ser uno de los más nuevos. Cuando surgían conflictos internos, intentaba conciliar los desacuerdos y destacaba la importancia de la comunicación, la armonía y la buena energía.

Jaime actuaba como un árbitro: supervisaba de cerca el equipo y se esforzaba por mantener una postura neutral, objetiva y holística, fomentando decisiones que beneficiaran a todos. Su habilidad para conectar con las personas le había permitido forjar lazos estrechos no sólo con sus reportes directos, sino también con otros interlocutores y clientes. (Estos clientes eran importantes distribuidores, estratégicamente ubicados en puntos neurálgicos del país y responsables de suministrar productos a flotas de transporte.)

Ahora, Hannah y el resto del equipo estaban remando contracorriente para llenar el vacío dejado por Jaime, mientras hacían un esfuerzo descomunal por encontrar a alguien que pudiera asumir la responsabilidad de impulsar el crecimiento y la evolución del negocio con la misma excelencia que él.

Los demás

Además de Lena, Jaime, Pablo y Ernesto, Hannah contaba con el respaldo de varios recursos encargados de realizar tareas secundarias y de soporte, como administrativos, legales y contables, entre otros. En esta parte del equipo solía haber una mayor rotación y, por lo tanto, la mayoría de ellos eran relativamente nuevos. Esto no suponía ningún problema, ya que todos, excepto Silvia, tenían una buena actitud.

De Silvia, sin embargo, nos ocuparemos más adelante.

The boss

Vladimir Samsa. DIRECTOR de Negocio *Downstream* y VICEPRESIDENTE comercial en Newenergy. *Always on!* Preparado para cualquier reto. Orgulloso de ser *THE BOSS*. Liderando esfuerzos, energía, inversiones y recursos para acelerar la transición energética y crear un mundo aún mejor para las próximas generaciones. #Newenergy #Lídersupremo #Multienergía #Todoporeltrabajo

Éste era un extracto del perfil de LinkedIn del jefe de Hannah. Ella lo había leído alguna vez antes de aceptar la oferta que él le había hecho tras pasar por el proceso de reclutamiento y selección hace unos años. Hoy en día, todavía no se hacía con esa descripción. Le parecía superflua, casi como si contuviera mentiras. Lo que más le molestaba, al menos eso creía, era la idea de saber que una persona promovía públicamente la transición energética y, sin embargo, vendiera con tanto ahínco y entusiasmo productos derivados del petróleo para subsistir. Si de verdad fuese un fiel creyente de algo como la transición energética y la hoja de ruta hacia la descarbonización y un mundo alimentado por energías verdes, haría algo distinto, ¿o no?

Al pensar en su jefe, Hannah siempre llegaba a la misma conclusión: «¿Soy yo, o hay algo que no cuadra?».

Vladimir Samsa era una persona en el trabajo y otra persona distinta en su vida personal. «Fuera del trabajo es hasta simpático...», solía ser la afirmación general para definirlo.

Vladimir tenía algo más de cincuenta años, según una deducción basada en su apariencia, ya que nadie en el equipo conocía con exactitud cuál era su edad real y ni siquiera su fecha de cumpleaños. La verdad sea dicha, se sabía poco sobre su vida personal. Estaba casado desde muy joven con una mujer de su pueblo natal. Según algunas conversaciones de pasillo, su mujer, María Lucía, a quien habían conocido en un evento de empresa hace mucho tiempo, era una buena persona que habría podido terminar con alguien mejor, alguien «más a su altura».

¿Qué más sabían de Vladimir? ¡Poco más! Además de que no salía de la oficina y que nunca dejaba de pensar en el trabajo y en sus clientes, tenía tres hijas, una de las cuales acababa de terminar con éxito un máster y había empezado a trabajar. En cambio, las otras dos eran más chicas.

«Pero ¿cuándo pasa tiempo con su familia? ¿Cuándo les dedica tiempo de calidad a sus hijas? ¿Y a su esposa?», se preguntaban Hannah y otros integrantes del equipo al hablar de él.

En cuanto a su carácter y personalidad, en el entorno laboral Vladimir exhibía dos patrones de comportamiento predominantes. Por un lado, mostraba una faceta social y empática, especialmente cuando interactuaba con los clientes. «¡Los clientes lo son todo!», afirmaba con entusiasmo en las conversaciones con el equipo. Ésta no era su única expresión característica; a lo largo de los años en Newenergy había acuñado varias frases célebres: «El cliente manda», «Les debemos todo a nuestros clientes», «Cliente contento, negocio que prospera», «Haz un cliente, ¡no una venta!».

A los ojos de los demás, parecía tomarse estas ideas sobre los clientes con suma seriedad, ya que estaba dispuesto a esforzarse al máximo por ellos. Y respaldaba sus palabras con acciones diarias: destacaba por su habilidad para ponerse en la piel del cliente, entender sus expectativas y necesidades, formular preguntas para comprenderlos mejor, y persuadir y comunicarse para favorecer la relación comercial, entre otras. Éste era el ámbito en el que mejor se desenvolvía, y todos en el equipo reconocían su destreza en este aspecto.

En resumen, el contacto directo con los clientes era su terreno favorito. Vladimir tenía una afinidad especial con ellos.

Por otro lado, también contaba con otra faceta que surgía con frecuencia, especialmente en el entorno interno de la empresa. Detrás de bambalinas, Vladimir mostraba otro aspecto de su personalidad protagonizado por una parte más dura, reservada, fría y distante, que, desafortunadamente, era la piedra angular de su *modus operandi* en sus interacciones con el equipo. «¿Por qué lo hacía?», se preguntaban muchos de sus colegas, sorprendidos por la rapidez con la que podía cambiar de actitud y comportamiento dependiendo del entorno.

Vladimir era el tipo de mánager que, independientemente de la persona y la situación, siempre iba a mil. Por lo tanto, no todos podían seguirle el ritmo, ni adaptarse a él. Procesaba y digería la información y los datos a la velocidad de la luz. Por lo general, iba uno o dos pasos por delante, y mucho antes de que otros tuvieran la oportunidad de entender lo que decía o preguntaba, él ya tenía una respuesta en mente. Lo más usual era que él mismo encontrara soluciones a sus propios problemas. Y debido a su apuro y prisa, ni se le ocurría parar a mirar cómo iban los demás o si alguien tenía algo adicional que decir. En su cabeza, si alguien se quedaba atrás, pues mala suerte, ¡culpa suya no era!

Lo que verdaderamente sorprendía a las personas a su alrededor, además de su capacidad y rapidez intelectual, era su habilidad para el *multitasking*. Era un maestro haciendo malabares con varias tareas, conversaciones, negociaciones, mensajes y más. Era esto lo que le daba el control y la ventaja sobre los demás.

Por ejemplo, una vez a la semana realizaba una reunión de planificación comercial a la cual estaban invitados todos los integrantes de su equipo. Durante la reunión, siempre pasaba lo mismo. Vladimir hacía esperar a todos porque llegaba diez minutos tarde, entraba por la puerta hablando por teléfono a todo pulmón, como si su conversación fuera lo más importante del mundo. Luego, tras un insípido saludo al grupo, comenzaba a dictar órdenes e instrucciones a diestra y siniestra sin pausa durante los siguientes minutos, indicando a cada uno de los presentes exactamente qué hacer durante la semana y cómo hacerlo. Algunos tomaban nota, mientras que otros se dejaban abrumar por sus mensajes rutinarios y carentes de inspiración que inundaban la sala hasta drenar por completo la energía del ambiente. Nadie se atrevía a interrumpir. Nadie, nunca, decía nada. Nadie, nunca, pedía aclaraciones. Y nadie, nunca, se atrevía a cuestionar.

Después de unos cuarenta y cinco o sesenta minutos, que para la mayoría parecían una eternidad, Vladimir, el «gran jefe», cerraba su reunión con su característico grito de guerra: «¡A por ello, chavales!».

«Pero no todo era tan malo... —bromeaban irónicamente al terminar—. Al menos es predecible. Y, por tanto, puedo organizarme la semana y responder correos y navegar por la red mientras habla...»

Vladimir no era consciente de la dependencia que había generado, ni tampoco de la desconexión que existía con el equipo. Irónicamente, eso no era lo peor. Como líder, había llegado a un punto en el que había minado por completo la curiosidad intelectual y la motivación de los demás. Su ego, su miopía organizacional y sus métodos de liderazgo y trabajo anclados en la vieja escuela estaban limitando cada vez más el potencial de todos a su alrededor. Lo único que le importaban eran los resultados y los ingresos, una de las pocas cosas que reforzaba con pasión, ímpetu y ahínco cada vez que podía, en un inglés que dejaba mucho que desear: «CASH IS KING! AND CLIENT IS QUEEN!» ['el flujo de caja es el rey. Y el cliente, la reina'].

Y, lo peor: en su mente, él era un experto absoluto en temas de liderazgo. Le encantaba alardear, a gritos, sobre sus conocimientos del tema. Era común escucharlo hablar con vehemencia sobre los libros que había leído, los seminarios a los que había asistido y los excelentes consejos que había recibido de ejecutivos del mundo corporativo. Últimamente, el equipo lo escuchaba hablar sin parar sobre el liderazgo inspirador, auténtico, desarrollador, etcétera, y la importancia de hacer crecer a las personas, de ser más humanista, de gestionar el bienestar individual y colectivo, de ser resiliente, de tocar las mentes y los corazones..., entre otros.

«¿Y de dónde saca todo esto?», se preguntaban los demás. ¡Era un misterio! Principalmente porque nunca nadie lo había visto con un libro en la mano, ya que no tenía tiempo para nada más, y porque nunca nadie lo había visto aplicar ninguna de esas ideas.

En fin, liderar con el ejemplo no era lo suyo. Todos lo sabían, y él también. Eso era seguro, sobre todo porque no dejaba pasar la oportunidad de esconder su ignorancia tras las palabras: «Haz como digo, no como hago...».

Correo

Para: vladimir.samsa@newenergy.com
Asunto: Punto de situación

Buenas tardes, Vladimir.

¿Qué tal va la semana?
¡Espero que esté yendo todo bien!
Tenemos una conversación pendiente para ponernos al día. Por lo

tanto, me encantaría si marcamos algo en agenda y hablamos. ¿Cómo lo ves?

Tengo algunos temas que me gustaría comentar contigo, incluyendo, por supuesto, el plan de negocio a seguir.

Sé que no eres mucho de «detalle», así que te cuento cuando nos veamos, si te parece bien.

¿Cuándo tendrías tiempo para esto?

Saludos,

Hannah

El correo se había enviado el martes por la mañana. Ya habían pasado varios días y todavía no había recibido respuesta. Esto no debía sorprenderla; sin embargo, Hannah se preguntaba por qué se sentía tan alarmada y molesta, a pesar de que la asistente de Vladimir le había confirmado que él estaba ocupado con un asunto personal: un familiar suyo había enfermado.

Ahora tendría que esperar un par de días adicionales. De esta forma, tendría tiempo para repensar y validar lo que quería decir (y agobiarse aún más...). Además de nerviosa, comenzaba a sentir ansiedad. La idea de tener que esperar no ayudaba. Hannah estaba anticipando el momento de tener la conversación y tratar de justificar por qué no estaba ni cerca de las metas establecidas.

Sorpresa

Al inicio de la semana siguiente, el lunes por la mañana, al entrar a la oficina, Hannah notó dos cosas. En primer lugar, casi todas las luces estaban apagadas. Eso era algo común: ella solía ser una de las primeras en llegar. Y segundo, algo menos común: su jefe ya estaba allí.

Al dirigir la mirada hacia el final del pasillo, notó una luz tenue que se asomaba por la puerta entreabierta de uno de los despachos. Desde donde se encontraba, podía ver la silueta de un cuerpo sentado tras un ordenador y escuchar la voz ronca e imponente de Vladimir hablando por teléfono, muy probablemente con uno de sus clientes o su jefa. Temprano por la mañana, antes de que saliera el sol, o muy tarde, después de que se pusiera, solían ser los mejores momentos para hablar y ponerse al día. «No es normal que esté aquí tan temprano...», pensó mientras se acercaba a su escritorio para dejar sus cosas.

A pocos pasos de su lugar de trabajo, notó algo más que captó su atención. ¡No era un lunes cualquiera! A pesar de llevar varios años trabajando en la empresa para Vladimir, era la primera vez que veía algo así.

No era nada grandioso. Ni especial. Pero recibir algo de parte suya era muy inusual. Era extraño. Raro. Insólito. ¡Hasta difícil de creer!

«¿Qué cojones...?», pensó anonadada y desconcertada.

Hannah se sentía algo confundida por lo que reposaba inerte en su mesa. No sabía si saltar de alegría o ponerse a llorar, hasta que comenzó a racionalizar la situación.

«¿Exactamente qué tendrá en mente este señor?», se dijo a sí misma, dando lugar a una intensa y acalorada discusión mental entre dos personajes que se asomaban por encima de sus hombros. A su izquierda, el diablillo, con su voz traviesa y persuasiva, la instaba a actuar impulsivamente y pensar lo peor. Mientras tanto, a su derecha, el angelito, con su tono suave y reconfortante, le recordaba la importancia de la prudencia, la paciencia, y la idea de no juzgar a los demás antes de tiempo.

Atrapada en el medio, Hannah forcejeaba para acallar aquellas dos voces enzarzadas en la discusión y no dejarse influir por el ruido mental del momento.

Al levantar la caja de bombones que Vladimir le había dejado sobre su mesa, se encontró con un pósit que decía: «Hannah, vi tu correo electrónico de hace unos días. Disculpa que no haya podido responder. ¡Cuando quieras, hablamos!».

¿Agradecimiento?

Hannah tomó una bocanada de aire, inspirando con todas sus fuerzas como si se estuviera preparando para sumergirse bajo el agua durante varios minutos. Se aseguró de poner su mejor cara antes de tocar a la puerta. No quería interrumpir a Vladimir; prefería ser respetuosa y precavida para no cabrearlo.

Desde dentro del despacho, una voz tosca, forzada y poco delicada gritó: «¿Sí? ¡Adelante! Pasa, pasa...». Y así lo hizo Hannah, aunque manteniendo cierta distancia, sintiéndose como si estuviera ingresando a un campo de juego en el que no se sentía del todo cómoda. Al entrar, una extraña sensación la invadió, como si el suelo empezara a derrumbarse y se inclinara repentinamente en su contra.

A pesar de la incomodidad, Hannah se esforzó por mantener la concentración. Sabía exactamente lo que tenía que decir, después de repasarlo mentalmente una y otra vez para asegurarse de no olvidarlo y no liarla. Sin embargo, con Vladimir, siempre existía la posibilidad de lo inesperado. Ante cualquier contratiempo, Hannah volvería a su plan inicial: saludar, sonreír, pretender que todo en su vida iba de maravilla, preguntar cómo estaba y luego, preguntar cuándo podrían hablar sobre su desempeño, sus resultados y su plan para revertir la situación. Punto.

Vladimir estaba ocupado golpeando sin parar el teclado de su ordenador con sus recios dedos de orangután. En la esquina de su escritorio, al lado de su maletín, vio una bolsa llena de bombones similar a la que había encontrado unos minutos atrás. «Seguro que les ha traído bombones a todos...», supuso antes de continuar.

—Veo que el jefe también madruga de vez en cuando —dijo Hannah con una sonrisa obligada.

—¡Veo que no soy el único con buen sentido del humor en el equipo! —respondió Vladimir con una sonrisa de oreja a oreja—. ¿Qué? ¿Has encontrado los bombones? ¡Están ricos!

—Sí. Venía a dar las gracias —mencionó Hannah desganada, acallando un «¡Qué tontería! ¡Qué bombones de mierda!» con todas sus fuerzas.

—¿Y la nota? ¡Es un lindo detalle!, ¿no? ¡Seguro que eso no te lo esperabas!

—Sí, sí..., eso también, Vladimir —murmuró Hannah, resignada, asintiendo con la cabeza.

—¡Genial! Más tarde nos ponemos al día, ¿OK? —expresó Vladimir, apuntando con el dedo índice a su móvil, insinuando que le estaba entrando una llamada importante—. Busca tiempo en mi agenda, que quiero conocer qué planes tienes.

Mensaje

Aunque estaba completamente concentrada en sí misma, sus preocupaciones y responsabilidades, su lista de tareas parecía interminable, pero una de ellas destacaba por encima de las demás: HABLAR CON VLADIMIR, rezaba en sus notas.

La reunión ya estaba agendada, y ninguno de los dos podía eludirla, a menos que ocurriera algo extraordinario, lo cual era bastante probable.

¿Cuáles eran los riesgos de esa conversación? ¿Qué podía salir mal? ¿Cuál era el peor escenario posible? ¿Estaba Hannah lista para afrontarlo?

«¡Es ahora o nunca!», se dijo a sí misma por enésima vez en el día, justo antes de escuchar un bip que provenía de una notificación en su teléfono móvil. Era un mensaje de Silvia.

La «nueva»

Silvia nunca pasaba desapercibida. A pesar de su reciente incorporación al equipo, tenía una gran habilidad para hacerse notar, ocupar el espacio y meterse en problemas con los demás.

Hannah y el equipo eran bastante cuidadosos al hablar de ella. ¿La razón? ¡Era la hija mayor de Vladimir!

Nepotismo

Silvia había aparecido en el radar hacía dos años durante un verano, momento en el cual había completado unas prácticas de casi tres meses en Newenergy. Durante ese tiempo, su principal responsabilidad era asistir a su padre en diversas tareas, muchas de las cuales eran bastante simples. Cuando su padre no estaba presente, colaboraba con varios miembros del equipo, incluida Hannah. Al no ser un recurso a tiempo completo, y al estar trabajando gran parte de la semana en remoto, contribuía según podía.

En ese entonces, nadie le exigía demasiado ni esperaba mucho de ella. Y nadie cuestionaba su presencia. La actitud predominante era: «Si fuera tu hija, ¿no harías lo mismo?».

Pero las cosas habían cambiado. Después de completar su máster, había comenzado a trabajar a tiempo completo en la empresa, específicamente en el equipo de Hannah.

Oficialmente, Silvia le reportaba a ella. Sin embargo, era más una formalidad que una realidad, ya que en la práctica ¡no le rendía cuentas a nadie! Hacía lo que quería debido a su canal directo con el jefe del negocio, su padre. Como resultado, no tenía reparos en llevar cualquier desacuerdo o problema directamente a él. Esto significaba que Vladimir se enteraba de todo lo que ocurría, incluso de lo que muchos preferirían resolver internamente en el equipo.

En teoría, el rol de Silvia era definir y ejecutar el plan de marketing y operaciones de los canales principales del negocio. Por lo tanto, debía colaborar y coordinarse con Hannah y los demás miembros del equipo. Sin embargo, esta última parte no era su fuerte. Su mentalidad no era la más indicada. Según sus propias palabras, «Soy la encargada de todo el proceso de marketing y operaciones, *end-to-end*, y soy la dueña de esta área de responsabilidad. Por lo tanto, soy yo quien decide...».

«De tal palo, tal astilla», comentaban los demás. En ese sentido, se parecía mucho a su padre. Era inteligente, tenía buenas credenciales académicas y buenas ideas. Sin embargo, le faltaba «calle», experiencia, cintura y mano izquierda, y mucha empatía. Todo esto le empezaba a pasar factura en un equipo comercial y una empresa donde predominaba una cultura de trabajo cálida, cercana y ágil.

Como su mánager, Hannah había tenido un par de conversaciones recientes con Silvia que no habían salido bien. Esto la preocupaba, ya que se sumaba a los demás problemas, retos y conflictos que tenía en ese momento.

La última vez que Hannah le había dado *feedback* sobre su actitud y comportamiento en el trabajo, Silvia se había puesto a la defensiva. Desde el momento en que Hannah había mencionado que había personas en el equipo que no estaban contentas con ella, Silvia había alzado la voz y había interrumpido a Hannah con un torrente de excusas sin sentido.

«Por Dios, ¿qué es lo que estoy haciendo mal?», se preguntaba Hannah con desdén. No había modo de entenderlo, y mucho menos de resolver el misterio. Como siempre, daba vueltas y vueltas al asunto hasta llegar al punto de sentirse abrumada. A veces, perdía la razón tratando de manejar el ruido en su cabeza y entender qué podía hacer al respecto.

Después de mucho reflexionar, Hannah había llegado a algunas conclusiones. Primero, no era momento de tirar la toalla. Y segundo, tenía que empezar a reinventarse. No tenía el poder de cambiar el entorno, así que tenía que comenzar a cambiarse a sí misma. No había forma de luchar contra todo un sistema, especialmente porque la historia demostraba que un sistema corrupto y contaminado siempre ganaba a una persona con buenas intenciones.

Mensaje de voz

Hola, Hannah. Te cuento que Emilio, nuestro principal comprador en Agroindustrias, no está nada contento. Lo siento, pero el equipo cometió un error al enviar el último pedido. Al realizarlo a través del sistema, se registró de forma equivocada la información del cliente. ¿Y qué pasó? Pues que todavía no le ha llegado nada de lo que necesitaba, y, por lo tanto, tiene toda su flota parada. El pedido ya cumple una semana de retraso. Emilio llamó al comercial para que le solucionara el problema cuanto antes. Y también me llamó a mí, múltiples veces, dado que me conoce. Hay que darle una respuesta a Emilio y solucionar esto cuanto antes. ¿Qué hacemos? ¿Qué sugieres? Es el cliente más importante de la región...

El mensaje que Hannah había recibido no la animaba en absoluto.

«¿Por qué? ¡Justo lo que me faltaba!», fueron las palabras exactas que pronunció Hannah al escucharlo. «Por supuesto que no queremos perder al cliente, niña», exclamó nuevamente en voz alta como si tuviera a Silvia ahí delante.

Punto de situación

El día finalmente había quedado atrás y había pasado a la historia. El tiempo había transcurrido intentando corregir el problema del pedido para el cliente. El lado positivo del asunto es que ya estaba solucionado.

Hannah había pagado un precio alto por tener que dedicar la jornada a este imprevisto. No sólo había perdido un tiempo precioso que podría haber dedicado a otros asuntos, sino que ahora, de repente, su lista de tareas incluía dos ítems que le generaban ansiedad y algo de estrés: 1) la conversación con Vladimir. Y 2) la conversación con Silvia.

«¡Qué bueno! ¡Al menos todo se quedará en familia!», advirtió.

Feedback

—Hannah, ¡no te olvides de que los resultados alcanzados hasta el momento son, en gran parte, un producto directo de la estrategia de operaciones y marketing que yo misma definí, de mis esfuerzos y de mis contactos! Eres consciente de eso, ¿verdad? ¡Sin mi gran trabajo los resultados serían peores! —dijo Silvia, mirando seriamente a Hannah al otro lado del escritorio—. ¡Yo estoy haciendo mi parte del trabajo! ¿Y los demás, qué?

Como era de esperar, Silvia no estaba contenta con lo que estaba escuchando, ni con la forma en que Hannah había decidido gestionar la situación. Además, no reconocía su error. Había levantado la guardia muy rápidamente y no mostraba la más mínima predisposición por escuchar lo que tenían que decirle en ese momento.

«Vaya, aquí no hay nada que hacer...», pensó Hannah, sintiéndose cada vez más agotada por la conversación. Se estaba quedando sin energía más rápido de lo previsto. No podía controlar la actitud de Silvia. Eso estaba más que claro. Sin embargo, podía dar ejemplo y decir lo que tenía en mente de forma clara, honesta y constructiva.

Así hizo, aunque no le resultó nada fácil. Cada segundo que pasaba sentía como sonaban las alarmas y empezaba a ponerse ligeramente a la defensiva. La parte emocional y reptiliana de su mente estaba al acecho y no la dejaba en paz. No podía sucumbir, en ningún caso y por ningún motivo, a la idea de enzarzarse en una discusión sin sentido con una persona de su equipo. ¡No ahora! Debía mantener la calma. Debía asumir una posición madura, por más que quisiera decirle todo lo que había hecho mal y restregárselo en la cara. Sabía que, si se comportaba como una persona adulta y trataba a Silvia como una adulta, la posibilidad de que respondiera como tal sería mayor. En cambio, por su experiencia, si la trataba como una niña, seguramente respondería de la misma manera.

—Si no quieres cambiar, si no aceptas lo que te he dicho en este momento, si sientes la necesidad de defenderte porque te sientes amenazada, Silvia, sólo te pido dos cosas. Primero, no creas que estoy en tu contra. Te lo digo porque estoy convencida de que es mi responsabilidad como líder de este equipo corregir comportamientos y malas conductas. ¿Para qué? Para que todos mejoremos. Y segundo, si en este momento lo único que quieres hacer es defenderte porque no estás de acuerdo con nada de lo que digo, te pido que al menos lo pienses. En una semana retomaremos la conversación y podrás decirme qué has reflexionado, con qué estás de acuerdo y con qué no, y qué puedes hacer para empezar a mejorar en este aspecto. ¿De acuerdo? —exclamó Hannah con preocupación.

Silencio. No hubo respuesta verbal. La respuesta no verbal, en cambio, fue clara: Silvia se levantó de su asiento precipitadamente y, sin apartar la mirada de Hannah, salió de la sala.

A pesar de las malas sensaciones que le quedaron después de mantener la conversación con Silvia, también le reconfortaba saber que había hecho algunas cosas bien. Se había ceñido a los hechos y a la evidencia que ponían en entredicho sus errores. Sin embargo, le preocupaba que no hubieran resuelto nada. Ni ella ni Silvia habían adquirido ningún compromiso real al finalizar la conversación. La falta de habilidad de Silvia para escuchar y reconocer sus faltas le impedía aprender y ver más allá de la situación, lo cual era preocupante. Parecía una criatura condenada a ver el mundo (su mundo) de una forma inmadura, infantil y caprichosa. ¿Cómo ayudar a una persona que adoptaba este tipo de actitud y posturas? Hannah no estaba segura.

Atrapada

«¡Estás completamente fuera de lugar! Aquí, soy yo quien decide cómo se hacen las cosas. Tú estás para escuchar y hacer, ¡nada más! ¿Está entendido?»

«Hannah, escucha bien. ¡Así no son las cosas! Creo que estás delirando, niña. Te estás mintiendo a ti misma. Y ahora me estás mintiendo a mí también. ¡A tu propio jefe! Eso no es aceptable. ¡Es imperdonable!»

«¿Quién te crees? ¿Sabes que estás sentando un precedente en tu carrera? ¿O no? Y, déjame decirte, es un precedente muy negativo. Te vas a arrepentir de haber tenido esta conversación conmigo...»

Las voces en la cabeza de Hannah se manifestaban y la atrapaban fácilmente. La amenazaban como los habitantes de un barrio peligroso en el centro de una capital a un turista perdido.

«¿Qué me estoy haciendo a mí misma? —pensaba intranquila y turbada—. ¿Qué necesidad tengo de hacer esto en este momento? ¡Si ni siquiera he hablado con él!»

Hannah era una artista de primer nivel anticipando los problemas de mañana. Eso era bueno y malo. Por un lado, le ayudaba a planificar y anticiparse. Por otro, muchas veces, se comía la cabeza imaginando un futuro incierto y oscuro que le generaba altos niveles de estrés y ansiedad. En esos momentos recordaba a su madre que, hace muchos años, le decía: «¡Recuerda, hija! La mayoría de nuestros problemas son producto de nuestra imaginación. No de la realidad».

¿Cómo aparcar y acallar esas voces malignas y nocivas que le asaltaban la mente? ¿Cómo evitar que le pasaran factura? ¿Cómo tomar control, en esos momentos críticos, de su forma de pensar?

«¡Energía positiva, Hannah! Preocuparse es como pagar una deuda que no tienes..., ¡es una verdadera tontería!», fue lo único que se le ocurrió pensar para contrarrestar el efecto del ruido en su cabeza. Se lo repitió varias veces. Era la única forma que conocía de aproximarse a situaciones de riesgo sin un aire derrotista.

La idea de tener la conversación con su jefe, la anticipación de la situación y la incertidumbre producida por la falta de claridad sobre el futuro que le deparaba se sumaban y conspiraban eficientemente contra su salud mental. Aun así, una parte de ella se sentía preparada.

Careo

Ya era tarde. El final de la jornada laboral resonaba en el ambiente. Y, a pesar de que la semana apenas comenzaba, se hacía cada vez más larga. Se estiraba como un elástico al límite de su resistencia, a punto de ceder y romperse. Y la lista de tareas de Hannah aún incluía un ítem crucial, el más importante: hablar con Vladimir.

En la oficina quedaban un par de personas tratando de cerrar a toda costa las tareas pendientes del día, escribiendo frenéticamente los últimos correos antes de regresar a casa. Al fondo del corredor se escuchaban las voces de algunos empleados que se quejaban por tener que trabajar hasta tarde. Además, entre los sonidos habituales, destacaba el traqueteo del señor de la empresa de limpieza, que comenzaba su turno llevando a cabo su rutina: limpiar, tararear y fregar.

En medio de esta atmósfera, también estaba Vladimir en su despacho.

Desde la puerta, más decidida que nunca, Hannah comentó:

—¿Qué te parece si hablamos ahora antes de cerrar la jornada?

Vladimir alzó la mirada y se enfocó en Hannah con seriedad, quien permanecía en la puerta.

—Por supuesto, ésa era la idea, ¿no?

Mientras Hannah se acomodaba en uno de los asientos del otro extremo del escritorio de Vladimir, reservados para el equipo visitante, él se levantó, bordeó la mesa, se acercó a ella y tomó asiento a su lado. Ahora estaban cara a cara.

Hablar, hablar y hablar

Para sorpresa de Hannah, Vladimir fue el primero en hablar:

—¿Y bien? ¿Cómo empezamos? —preguntó con un tono distinto, inofensivo.

Hannah se percató de que estaba nerviosa y ansiosa: se mordía las uñas sin parar. Se sintió incómoda y contrariada al ver que le costaba más de lo que pensaba encontrar las palabras para responder oportunamente y arrancar.

—Hum... Como te había comentado, hay un par de temas que quiero hablar contigo, Vladimir —musitó un poco forzada—. La verdad, las últimas semanas no han sido fáciles. Soy más que consciente de que mi desempeño y mis resultados liderando a este equipo no son los mejores, y de que no he estado a la altura de las expectativas. Creo que eso está claro para todos. Pero ¿alguna vez te has preguntado por qué? ¿Cuál es el motivo principal?

Por la reacción a su pregunta, le pareció que Vladimir la escuchaba. Mostraba curiosidad, ya que la miraba fijamente, y levantó ligeramente las cejas al escuchar la pregunta que le hizo.

No quería perder el impulso que había ganado, y tampoco ponerlo en aprietos con preguntas personales y difíciles de responder, por lo cual Hannah continuó, tratando de mostrarse un poco más segura y positiva.

—Al hablar contigo hoy quería lograr varios objetivos. Primero, contarte mi diagnóstico de la situación y el plan que tengo en mente. Y, segundo, aprovechar para entender cómo ves las cosas. Quiero conocer tu perspectiva. Y, luego, quisiera también entender si hay algo que pueda hacer para que trabajemos aún mejor en el futuro cercano. Porque, a veces, siento que no nos entendemos...

Vladimir permanecía inmóvil, como una estatua. Esta actitud era típica de él en situaciones así. No era su estilo preferido sentarse a hablar tranquilamente y escuchar a los demás en reuniones individuales, uno a uno. Aunque Hannah anticipaba que intentaría finalizar la conversación lo más rápido posible con alguna de sus habituales excusas, simplemente se quedó sentado en su silla, con las piernas cruzadas, mirándola fijamente mientras se rascaba la barbilla con una mano.

Tratando de ocultar su confusión por el ademán de su jefe, Hannah prosiguió para no exponerse a preguntas inesperadas:

—He dedicado mucho tiempo recientemente a reflexionar sobre los resultados del equipo y mi situación en Newenergy. Específicamente, he invertido tiempo, energía y esfuerzo en tratar de comprender cómo me siento, qué quiero lograr, cómo podemos reaccionar, el impulso que necesitamos para revertir la situación, el estilo de liderazgo del negocio y el apoyo que nos favorecería a todos, el futuro que nos espera, y el día a día en el trabajo, entre otros aspectos.

—Vaya —murmuró Vladimir—, ¡son muchos aspectos a considerar! ¿Y cuando hablas del liderazgo del negocio, a qué te refieres exactamente? ¿Te refieres a mi liderazgo o es otra cosa?

—Me refiero a que creo que podríamos mejorar significativamente nuestra forma de trabajar, especialmente ahora que necesitaré aún más apoyo y respaldo por parte de todos. Es crucial que todos hagamos un esfuerzo para trabajar mejor en equipo si queremos cerrar la brecha y alcanzar mejores resultados. Esto será fundamental para superar los desafíos actuales del negocio. Y, sí, eso, por supuesto, incluye el apoyo que nos das tú...

A pesar de que Vladimir se mostraba interesado en este punto de la conversación, parecía que no sabía qué decir ni cómo responder. Obligado a demostrar que tenía todo bajo control, se inclinó hacia delante, apoyó los codos en las rodillas, levantó las cejas con una mezcla de asombro, curiosidad y preocupación y dijo:

—Entiendo. Gracias por compartir todo esto conmigo. Estoy de acuerdo. —Luego apartó la mirada y se quedó congelado.

Hannah comenzaba a impacientarse y, de repente, los segundos parecieron horas.

—Me parece bien tener esta conversación, Hannah. Es importante que hablemos de estos puntos —continuó Vladimir repentinamente, midiendo y sopesando sus palabras. Su tono de voz había cambiado. Ahora era un poco más acompasado de lo habitual. Por primera vez en mucho tiempo, a Hannah le parecía como si estuviera pensando antes de hablar. Por lo general hacía lo contrario: hablar antes de pensar. O, simplemente, hablar, hablar y hablar.

«¿Estará cansado? ¿Lo habré pillado en mal momento?», se cuestionó consternada mientras esperaba impacientemente que la próxima frase saliera de su boca.

Vladimir se contuvo. Se levantó y fue por una botella de agua que había dejado en el otro extremo del escritorio, tomándose su tiempo. Cuando regresó a su lugar, retomó la conversación con una mezcla de desconcierto, atropello y torpeza:

—No hay excusas, Hannah... Pero cuando alguien pasa por lo que yo he tenido que pasar... las cosas se complican... y llegas a un punto en la vida en el que todo parece cuesta arriba... Pero no puedes dejar que nadie se dé cuenta. No, no, no. ¡Eso no!

«¿Exactamente de qué está hablando este hombre? ¿Acaso se ha vuelto loco?», pensó Hannah. No tenía ni la más remota idea de lo que estaba diciendo. No podía evitar preguntarse de dónde venía todo esto.

Vladimir continuó pensando en voz alta, con una cadencia más pausada que de costumbre. En ese momento, Hannah se vio obligada a prestar atención, tratando de captar cada matiz de sus palabras y ayudarlo a reflexionar sobre el mensaje que estaba transmitiendo, principalmente, ¡porque no estaba entendiendo nada!

—Hum... —murmuró Vladimir, tratando de reunir sus pensamientos antes de seguir—: La verdad, Hannah, es que tampoco he estado actuando de la mejor manera últimamente. He sido un mal líder. Mi propio desempeño ha dejado mucho que desear. El tipo y la calidad de liderazgo que he ejercido ha sido muy deficiente. Me ha costado mucho reconocerlo y entenderlo. Ha sido un proceso arduo. He pagado un precio alto por llegar a comprender por qué he actuado así en el trabajo con todos vosotros. Es sorprendente cómo nos cuesta mirarnos al espejo de manera objetiva y ver el mundo que nos rodea de forma realista. Durante este proceso, he aprendido que no vemos las cosas como son, sino como somos nosotros. Y dado que he sido autocrítico últimamente, veía todo con una perspectiva negativa. Eso no está bien. Necesito cambiar..., tengo que empezar a hacerlo.

Aunque Hannah asentía con la cabeza, no podía evitar sentirse sorprendida y confundida por las confesiones laborales de Vladimir. ¿Cuándo había decidido él abrirse así y buscar redimirse como líder? Se esforzó por mantenerse concentrada mientras todo su cuerpo le rogaba: «Por Dios, corre, ¡sal ya de aquí!».

Ligeramente encogido de hombros, como nunca antes se había mostrado, Vladimir prorrumpió:

—¿Sabes? Nunca nadie me ha enseñado a ser un líder. Nunca nadie se ha interesado en explicarme qué implica ejercer un buen liderazgo. Miro hacia atrás, intento recordar, y no puedo evitar sentir cierta ironía por todas las cosas que no he sido capaz de aprender.

Esta vez, Hannah aprovechó una de las pausas de Vladimir para añadir algo y dar la impresión de que lo estaba escuchando:

—Es normal. Es humano. Nos pasa a todos. No soy una experta en esto, ¡para nada!, pero, según he escuchado, el liderazgo es un viaje. Es una curva de aprendizaje larga, empinada y llena de sorpresas. Lo es para la mayoría de las personas. Incluyéndome a mí, por supuesto.

Según lo veía Hannah, Vladimir había empezado a soltarse: ganaba cada vez más impulso. Si hace tan sólo unos minutos dudaba y balbuceaba al hablar, ahora era todo lo contrario.

—Por momentos reconozco que lo he hecho fatal. Es tan sencillo como eso. No hay otra forma de expresarlo. Sé que he sido muy mal jefe y muy mal líder. De hecho, me avergüenzo un poco de usar esa palabra, *líder*. A mí, desafortunadamente, no me aplica. Y es increíble pensar que, en todo este tiempo, lo único que he mejorado y perfeccionado es mi habilidad para esconder mis deficiencias, para ponerme a la defensiva y para culpar a los demás. ¡Por Dios, qué mal! Me avergüenza saber que no he tenido el coraje para afrontar y gestionar bien toda esta situación.

—No todo es tan malo... —interrumpió Hannah resoplando.

—¡Ya!

Silencio. La pausa cargó el ambiente de incredulidad. Aunque ninguno de los dos hablaba, Vladimir no podía creer lo que estaba diciendo, y Hannah no podía creer lo que estaba escuchando.

—Lo digo en serio, Vladimir. Aprecio y agradezco muchísimo lo que me estás comentando y transmitiendo. Me imagino que no es fácil para ti —exclamó Hannah con vacilación e inseguridad, tratando de romper el mutismo incómodo que se apoderaba del despacho.

Vladimir asintió con la cabeza lánguidamente, tamborileó con los dedos de la mano sobre su regazo y luego se pasó la mano por el pelo.

—Gracias, Hannah. Haces bien en decirlo. La verdad sea dicha, no sé por qué estoy contándote esto. Pero ahora que lo pienso, creo que es una buena oportunidad para que tratemos de entender cómo podemos mejorar nuestras formas de trabajar. —Vladimir reorganizó sus pensamientos antes de continuar y se frotó los ojos, uno de los gestos que solía hacer cuando estaba nervioso—. Tengo que confesar que es la primera vez que hago algo de este estilo y tengo muchas dudas sobre cómo lo estoy haciendo. ¿Crees que está siendo útil la conversación? ¿Al menos se entiende lo que estoy tratando de decirte?

Hannah esbozó una sonrisa nerviosa, forzada y mentirosa que apenas se notó en su cara y añadió:

—Sí, claro que sí. Aunque tampoco entiendo por qué me estás diciendo todo esto ahora.

Vladimir trató de acomodarse en su silla, cruzando las piernas y los brazos, antes de responder:

—Los malos resultados no son sólo culpa tuya y del equipo. Yo también tengo la responsabilidad...

—¿Disculpa? —interrumpió Hannah, conteniendo con esfuerzo un «¡Claro que la tienes! ¡Por fin está empezando a usar la maldita cabeza...!».

—Sí, sí, déjame explicarte, Hannah. ¿Sabes por qué lo digo? Si te soy sincero, sabía que en algún momento tendría que hacerlo... —La conversación chocó repentinamente contra una montaña de silencio incómodo nuevamente. Vladimir seguía pensando deliberadamente en lo que tenía que decir. Hacía un esfuerzo por seleccionar las palabras correctas para transmitir sus ideas—. Tal vez te sorprenda aún más lo que estoy por decirte, Hannah. De hecho, preferiría que no se lo comentaras a nadie, ¿OK?

«¡Por Dios! ¿Cuántas sorpresas puede haber en una sola conversación?», pensó ella sin poder esconder del todo su cara de asombro, con las cejas ligeramente levantadas.

«Ni se te ocurra. ¡Ni lo pienses! Yo no soy buena guardando secretos...» Por supuesto, no dijo eso en voz alta, pero lo imaginó. Y sin llegar a reflexionar sobre las implicaciones de lo que estaba a punto de decir, soltó las típicas palabras que suelen usar las personas en este tipo de situaciones:

—No lo dudes. Cuenta con ello, Vladimir. No te preocupes que no diré una sola palabra al respecto.

Aunque un poco avergonzado y titubeante, Vladimir se echó al agua, revelando y confesando uno de sus secretos. En su cabeza ya no había marcha atrás. Y ahora sólo le quedaban dos opciones: decir toda la verdad o contarla a medias para salirse con la suya.

—Desde hace un tiempo estoy acudiendo a un psicólogo... —enunció Vladimir cabizbajo.

—Eso no es algo malo, ¿o sí? —respondió Hannah, sintiéndose engañada y decepcionada por lo que acababa de escuchar—. Vaya, Vladimir, aprecio que me cuentes esto. Verdaderamente, no sé qué decir, excepto que no tienes por qué avergonzarte de estas cosas. —Hannah guardó silencio y se tomó una pausa para aclararse la garganta—. ¿O acaso es algo que te avergüenza?

Vladimir tomó aire y se rascó la parte posterior del cuello. Luego, entrelazó los dedos de las manos y volvió a pronunciarse al respecto:

—Nunca pensé que lo necesitaría. Nunca pensé que me vería forzado a decirle esto a las personas. No me hago a la idea de tener este tipo de conversaciones.

—¡Ya! —balbuceó Hannah sin saber qué más decir o hacer para tratar de empatizar con Vladimir. Se encontraba un poco absorbida por la situación en la que ella misma se había metido. ¡Esto no era lo que esperaba!

—Hay un motivo por el cual estoy yendo al psicólogo —dijo Vladimir, conteniéndose a sí mismo por unos segundos más mientras evaluaba y repensaba nuevamente si lanzarse al vacío o no. Volvió la mirada hacia Hannah, quien permanecía inmóvil frente a él, agarrada al asiento como si estuviera en una montaña rusa, y habló rápidamente para vencer la fricción emocional que le impedía revelar lo que tenía en mente—: Verás, María Lucía, mi esposa, no está bien. Hace más o menos doce meses le diagnosticaron una grave enfermedad. Es terminal. Probablemente no haya nada que hacer, sino esperar que los meses que le quedan no sean tan malos, infelices y miserables. ¡Todavía no me lo puedo creer! ¡Y todavía no me hago a la idea de ser un marido que no puede hacer absolutamente nada por la vida de su esposa! ¡No se merece esto!

Hannah nunca lo había visto así. A pesar de que sus palabras y mensajes eran claros y estaban cargados de emoción, su tono iba disminuyendo y perdiendo energía, como alguien que tiraba la toalla, se rendía y se ponía de rodillas para suplicarle al mundo que lo perdonara.

—Hace unos años hice una promesa —continuó cabizbajo—: que sería un buen marido y que daría todo por ella. ¡Qué irónica que es la vida! Podría darlo todo, absolutamente todo lo que tengo, y, aun así, no mejorarían las cosas. ¡No hay nada que pueda hacer para salvarla!

Perpleja y sorprendida, Hannah cerró los ojos un instante para tratar de escapar de la situación. Pero apenas se dio cuenta de que eso no ayudaba, volvió a escuchar a Vladimir que, frente a ella, musitaba:

—Seguramente te estarás preguntando por qué te cuento todo esto, ¿no? ¿O qué tiene que ver?

—Bueno, pues... —intervino Hannah—, creo que podría imaginar el porqué, Vladimir.

—Verás, éste es el problema que traigo aquí al trabajo todos los días. No hay forma de dejarlo en casa. Y, por supuesto, me está afectando...

Encogida de hombros e insegura sobre lo que debía decir a continuación, Hannah comentó:

—Lo siento. Al menos, espero que esta conversación te ayude. Hablar de este tipo de cosas no es fácil.

—Ya no estoy seguro de nada... —intervino Vladimir con pocas ganas.

—¡En serio! Creo que pedir ayuda no es un signo de debilidad. ¡Al contrario! Es una señal de valor, coraje, ganas de mejorar y evolucionar. Es, a su vez, algo que yo misma tengo que aprender. ¿Sabes qué? Mi madre solía decirme que es importante expresar lo que tenemos dentro en el momento adecuado. Para unos, ese momento adecuado es antes, y, para otros, después. Me decía, me acuerdo perfectamente, que las emociones sin expresar nunca mueren. Están condenadas a vivir dentro de nosotros y están enterradas vivas, como una bestia enjaulada en un zoo. Y, en algún momento, pueden resurgir y atormentarnos como un maniaco que acaba de salir de prisión después de haber sido encarcelado por un crimen que no cometió. Las emociones y pensamientos sin expresar siempre se cobran venganza, tarde o temprano, siempre lo hacen. Por lo tanto, lo mejor es, aunque no siempre resulta fácil, decir las cosas en vez de callárselas. Curioso, ¿no? Es lo que hacemos muchos de nosotros...

A los ojos de Hannah, Vladimir parecía intranquilo y nervioso.

—¿Cuál es el valor de todo esto que estoy diciendo? ¿Para qué? —intervino Vladimir—. Sólo espero que no pienses que he perdido un tornillo...

«¡Por supuesto que creo que estás loco!», pensó Hannah, una vez más sin decirlo.

Tras tomarse unos segundos para terminar de entender lo que estaba pasando y lo que estaba escuchando, se inclinó un poco hacia delante, posó las palmas de las manos en sus rodillas, miró fijamente a Vladimir y dijo:

—Pero ¿qué tipo de pregunta es ésa? No digas tonterías. ¡Claro que es importante decir estas cosas! Al menos para mí. Agradezco que seas vulnerable. De hecho, yo quisiera hacer lo mismo. Yo también tengo algunas cosas que comentar contigo.

Silencio.

—¡Discúlpame, Hannah! ¡En serio! No era mi intención decir todo esto y generar esta situación incómoda. Además, ¡qué tonto que soy! Me olvidé por completo de que esta conversación no era para mí, sino para ti. —Mientras Vladimir trataba de salir de su cabeza, saltó de la silla, estiró las piernas, caminó hacia el otro costado del despacho, donde estaba la puerta, se volvió hacia Hannah y sonrió tímidamente, como si se apoderara de él un niño desconsolado y perdido—. Vamos, luego volveremos a mis preocupaciones. Ahora es tu turno...

Hannah respondió con una sonrisa irónica.

—¿Por dónde empezar?

Hannah y Vladimir siguieron profundizando y adentrándose en el meollo del asunto. Hannah expuso con todo el detalle, la evidencia y la diplomacia que pudo el plan que tenía en mente, los eventos y las situaciones que le habían generado frustración y resquemor durante el último período, así como los retos y desafíos que estaba enfrentando con su equipo.

En su mente, sus mensajes adquirían el tono constructivo que tantas veces había practicado, algo relevante para garantizar que su jefe percibiera una actitud positiva de cara al futuro.

Por primera vez en mucho tiempo, Hannah sintió que se quitaba un gran peso de encima. Experimentó la sensación de poder respirar nuevamente, como si sacara la cabeza de debajo del agua después de pasar mucho tiempo sumergida. La conversación que ella percibía resultó ser como una inyección de oxígeno para su alma.

Durante la conversación, Hannah hacía pausas conscientes para evaluar el pulso de la situación y la temperatura emocional en el ambiente, y observaba las reacciones directas de su jefe ante todo lo que se estaba transmitiendo en ese momento. No estaba segura de si su jefe la seguía, pero le complacía ver el gesto compuesto, tranquilo y receptivo de Vladimir, lo que indicaba que podía continuar con lo que tenía preparado para decir.

—Perdona si estoy planteando muchas cosas y pidiendo demasiado. ¿Alguna reacción a todo esto? ¿Qué opinas?

Para Vladimir no eran preguntas fáciles de responder. Hannah lo sabía. Sin embargo, para ella era relevante conocer y entender si verdaderamente estaba dispuesto a hacer un esfuerzo por arreglar las cosas y trabajar mejor con ella y con el resto del grupo. Además, a pesar de los giros inesperados que había dado la conversación, Hannah todavía tenía claro a dónde quería (y debía) llevarla.

—Si te digo la verdad, Hannah, todo esto es una sorpresa. Y, como toda sorpresa, a veces gusta y otras veces no. No esperaba para nada abrirme de esta forma, no era el plan. ¡Pero pasó! Y tampoco esperaba escuchar lo que me acabas de comentar. —Vladimir empezaba a repetirse. Parecía cansado. La naturaleza de la conversación empezaba a pasarle factura. Y a Hannah, también. Además, ya era tarde—. Agradezco que hayas sacado tiempo, y que hayas insistido, en tener esta reunión —exclamó Vladimir con un resoplido—, ¡era más que necesaria! Y pensar que no quería tenerla...

—¡Ya! —intervino Hannah.

—Sólo una última cosa, Hannah —añadió Vladimir antes de terminar—. Te pido disculpas. ¡De verdad! A partir de ahora, mi intención es mejorar y ayudar a todos a hacer un mejor trabajo. Pero necesito tiempo. ¡Ten paciencia conmigo!, ¿vale?

Parecía un mensaje sincero. Sus intenciones parecían ser buenas. «Lo son, ¿verdad?», se cuestionó Hannah.

—¿Hay algo más que pueda hacer por ti en este momento, Hannah? ¿Hay algo más que creas que tengamos que comentar? —preguntó con un extraño e inesperado aire de acatamiento, renuncia y resignación.

—Son demasiados temas sobre la mesa, Vladimir —respondió Hannah sin dudarlo—. Creo que hay demasiadas cosas que tú puedes hacer y que nosotros podemos hacer para seguir mejorando. ¡Esto es sólo el comienzo! ¿O no?

Vladimir sonrió retraídamente y asintió.

—No dudes en decirme si crees que te puedo ayudar con algo —exclamó Hannah. Luego, hizo una pausa prolongada para reordenar sus ideas y asegurarse de que acaparaba toda su atención. Estaba a punto de mencionar una de las cosas más importantes de todas las que se habían dicho—: Hoy has sido honesto, directo y transparente conmigo. ¡Te doy el beneficio de la duda!

Los dos sonrieron.

—¡Pero también espero que estés siendo honesto contigo mismo! —reflexionó—. Tus intenciones me quedan claras, ¡y me parece que son correctas! ¡Son estupendas! Pero no olvides que las acciones también son importantes. La suma es lo que cuenta. Por lo tanto, te pregunto, ¿qué más necesitas de ti mismo, de mí, del equipo, de la organización, para que tus acciones estén completamente alineadas con tus palabras de hoy?

Vladimir levantó una ceja y se encogió de hombros. Y, antes de que pudiera responder, Hannah añadió:

—Es una pregunta grande e importante. No espero que la respondas en este mismo momento. Guárdala en algún lugar accesible. Y, cuando tengas un momento, sácala y reflexiona sobre las respuestas.

—¡Efectivamente! ¡Lo que tú digas! —exclamó Vladimir mientras miraba la hora en su reloj—. Muchas gracias, de verdad. Pero ya estoy un poco cansado...

—¡Y yo! —respondió Hannah después de soltar una carcajada que resonó y retumbó en su imaginación con tanta fuerza que hizo eco, sacándola del estado de ensimismamiento en el que se encontraba desde hacía unos minutos.

—¿Hannah? ¿Hannah? —insistió Vladimir un poco alterado después de insistir durante varios segundos—. ¿Me estás escuchando?

Hannah parpadeó varias veces, sintiendo cómo la luz blanca del despacho de Vladimir comenzaba a molestarle en los ojos, mientras la voz desmedida de su jefe empezaba a hacerle sangrar los oídos.

—Sí, sí, por supuesto. Te escucho... —mintió inadvertidamente.

Incrédula, miró de reojo la hora en la pantalla de su móvil: sólo habían pasado quince minutos desde que había comenzado la reunión. «Por Dios, este hombre no para de hablar. ¡Qué situación de mierda! ¿Por qué no me escucha?», pensó, frustrada por la idea de estar perdiendo el tiempo en un encuentro que no iba a ninguna parte. «Soy una ingenua e idiota por pensar que esto podría haber ido de otra forma.»

Se reprochó a sí misma que la conversación ideal que había imaginado con Vladimir no era más que una fantasía, un cuento de hadas, una auténtica ilusión. Cerró los ojos un momento, reunió fuerzas armándose de paciencia y se preguntó: «¿Qué es lo peor que podría pasar si renuncio en este mismo instante? ¿O si me levanto y me voy sin decir nada?».

Durante la siguiente hora, Vladimir no dejó de hablar, aleccionando a Hannah sobre todo lo que debía hacer para cumplir con los objetivos y lanzando amenazas sobre las consecuencias si no lo lograba.

Próximo paso

Al finalizar, Vladimir comentó:

—Quisiera pedirte algo más. Y no quiero que pienses que te estoy dando más trabajo.

—OK —respondió Hannah, claramente afectada.

—Pues bien, aquí está mi última solicitud. Verdaderamente,

no es nada grande —dijo Vladimir mientras recogía sus cosas antes de salir corriendo por la puerta de su despacho—. Hace unas semanas, el director de la escuela de negocios con la que trabajamos en la Universidad Corporativa me llamó y me informó de que había conocido a un experto en temas de liderazgo, desarrollo personal y profesional, así como gestión de equipos. Me comentó algo que me sorprendió, ya que es una persona muy crítica. ¿Sabes qué fue? Que ese profesional era el mejor que había visto en mucho tiempo. De hecho, me invitó a participar en una de sus sesiones de trabajo en dos semanas. ¡Pero yo no tengo tiempo para esas cosas! ¡Yo ya sé de esos temas! Por ende, me gustaría que te apuntaras. Si lo quieres, el cupo es tuyo. Por favor, piénsatelo y dame una respuesta a finales de esta semana.

—¡Eso tampoco me lo esperaba! —afirmó Hannah, ligeramente sorprendida por la solicitud de su jefe. Y luego añadió—: Pero ¿de quién se trata? ¿De qué va el taller exactamente?

—Se llama maestro Hendo —respondió Vladimir antes de salir corriendo por la puerta—. ¡Te va a gustar!

Segunda parte

EL FINAL DEL INICIO

Quien mira hacia afuera, sueña. Quien mira hacia adentro, despierta.

Carl Jung

4

Hendo

Motor de búsqueda

—¿Maestro qué...? —rio Hannah. En su vida había oído hablar de aquella persona—. ¿Qué me va a enseñar a mí alguien con un nombre que parece de mentira?

Intrigada y decidida a descubrir la identidad de la persona que se llamaba como un personaje sacado de un cómic manga, Hannah hizo una búsqueda rápida en Google. Contra todo pronóstico, encontró mucha más información de la que pensaba.

—Madre mía, este tipo es bastante famoso... ¿Y por qué no había escuchado nada de él? —murmuró nuevamente para sí misma frente a la pantalla de su dispositivo—. ¿Quién diablos es este tipo?

Al entrar en su blog oficial, uno de los primeros resultados que arrojó el motor de búsqueda, hizo clic en una sección titulada «Sobre Hendo». Decía lo siguiente:

> El maestro Hendo es uno de los expertos en liderazgo y gestión de equipos más reconocidos a nivel mundial. Su trabajo es acogido por ejecutivos, mánager, e incluso estrellas de rock y celebridades. Como presentador y facilitador posee una capacidad única para inspirar, energizar y electrificar al público, movilizando esfuerzos

> en la dirección correcta y acelerando la consecución de resultados a través de sus enseñanzas. Además, posee una increíble e innata habilidad para cuestionar y poner en tela de juicio, siempre de forma constructiva, las formas de pensar y de trabajar de las personas a través de experiencias que cambian vidas...

Mientras ojeaba la información en el blog con detenimiento y curiosidad, Hannah no podía dejar de preguntarse por qué nunca había oído hablar de él. Estaba positivamente sorprendida por lo que estaba leyendo y se entusiasmaba cada vez más con la idea de conocerlo y escucharlo en persona.

5

Convocatoria

ZOOM

—Al menos podrás descansar un poco del trabajo y de nosotros estos días... —sugirió Lena por Zoom antes de terminar la llamada, con una sonrisa forzada que apenas alcanzaba a ocultar lo que verdaderamente tenía en su mente: «¡Al menos podrás descansar de mí! ¡Y yo de ti!».

—Hum... Pues sí, supongo —titubeó Hannah, esforzándose por no responderle con una barbaridad. Con la mirada perdida en el vacío, como si tratara de descifrar un acertijo, enunció—: Sinceramente, no sé qué me emociona más: ¿el hecho de estar fuera de la oficina unos días?, ¿participar en el taller y adquirir nuevos conocimientos?, ¿conocer a personas nuevas de otros ámbitos?, ¿ponerle cara al maestro Hendo?, ¿o todo un poco? ¿Me entiendes?

Lena frunció el ceño, mostrando confusión:

—¿Y a mí por qué no me invitan a estas cosas? —declaró, y siguió sin esperar respuesta—: Bueno..., no te preocupes, si surge algún problema con el equipo, pondré a todos en su sitio. Y si eso no funciona, iremos a buscarte.

Hannah no supo si reír, llorar o quejarse.

—Seguro que os irá bien sin mí estos días. De todas formas, no te preocupes, estaré disponible si surge algo urgente.

Un nuevo sueño

—¡Hace una eternidad que no recibo una carta escrita a mano! —comentó Hannah con una voz que resonaba como un eco en la gigante, misteriosa y silenciosa sala en la que se encontraba con Jaime y Ernesto.

—¡Ya! —chilló Jaime con todas sus fuerzas desde el otro extremo de la sala, desdibujándose a los ojos de Hannah gradualmente, como si estuviera envuelto en una pesada niebla—. ¿Todavía hay gente que hace estas cosas? ¡Qué friki el tipo este!, ¿no?

—¿Y qué dice exactamente? —preguntó Ernesto con curiosidad, mientras su figura parecía desvanecerse y resurgir desde distintos puntos de aquella sala que empezaba a asemejarse a un húmedo y nublado páramo en lo más alto de una cordillera—. ¿Es sobre la formación?

Hannah suspiró y dirigió una mirada seria hacia Ernesto, cuyas facciones parecían cambiar sutilmente con cada parpadeo.

—No es una formación, ¡es una experiencia de aprendizaje y ejecución! Al menos eso es lo que pone aquí. ¿Quién sabe qué querrá decir exactamente?

El sobre que Hannah sostenía contenía una carta suave y antigua, casi como si estuviera hecha de pergamino. Le había caído directamente en las manos mientras miraba al cielo, tratando de hablar con los ángeles que custodiaban a Inés, su madre. ¡Pero el mensaje era de Hendo! Recibir una carta en estos tiempos era inusual y desconcertante, pero también emocionante. «¡Vaya! ¿Quién se tomaría la molestia de escribir este tipo de cosas hoy en día?», pensó mientras leía las palabras, que parecían moverse ligeramente en el papel. «Tiene que ser una persona especial...»

La carta decía lo siguiente:

Querida Hannah:

Espero que este mensaje te encuentre en buen estado de ánimo y con muchas ganas de aprender y crecer. Supongo que ya has oído algo sobre mí y mi trabajo, dado que te has inscrito (o alguien te ha inscrito, ¡no estoy muy seguro!) en el próximo taller que impartiré. Si no es así, ¡no hay problema en absoluto! Quiero darte una cálida bienvenida a la experiencia que pronto compartirás con otras personas y, al mismo tiempo, contarte un poco sobre lo que puedes esperar.

Permíteme presentarme. Me llaman maestro Hendo, aunque no me considero un maestro en absoluto. Más bien me considero un eterno aprendiz. ¡Me apasiona aprender cosas nuevas cada día! Y he descubierto que una de las mejores formas de hacerlo es interactuando y colaborando con personas como tú.

Estoy seguro de que tendremos la oportunidad de conocernos mejor y compartir nuestras experiencias laborales próximamente. Por ahora, no quiero abrumarte con demasiados detalles sobre mi trayectoria. Aunque nací en un remoto lugar de África, ya no me identifico exclusivamente como africano; me considero un ciudadano del mundo, influenciado por la diversidad de mis raíces mediterráneas y árabes. He tenido la suerte de vivir en varios países, lo que me ha convertido en un firme defensor de la diversidad y la multiculturalidad.

Desde el punto de vista académico, soy licenciado en Economía y Filosofía, tengo un MBA y, hace unos años, completé un posdoctorado en Psicología Organizacional, que considero la guinda del pastel. Después de muchos años en consultoría estratégica, me di cuenta de que mi verdadera pasión era ayudar a los líderes a llevar a cabo sus ideas, trabajar con sus equipos y ejecutar los planes para lograr resultados mejores cada día. Por eso me dedico plenamente a esta labor: la parte más personal y humana de la ejecución estratégica.

Pero ¡vamos al grano! En la próxima sesión de trabajo, junto con otros gerentes y directivos de distintos negocios, exploraremos los principios fundamentales para liderar personas y equipos en el mundo empresarial actual. Afortunadamente (para ti), sólo será un día. Es verdad que no resolveremos todos tus problemas, pero exploraremos a fondo cinco principios clave que te permitirán gestionar y liderar a tu equipo de manera aún más efectiva. Antes de la sesión, te pediré que reflexiones sobre cuáles crees que son los principios que definen tu estilo de liderazgo, lo que nos ayudará a empezar con buen pie y a generar un ambiente propicio para el aprendizaje, el crecimiento personal y la acción.

¡Espero verte pronto y compartir esta experiencia contigo! ¡No dudes en escribirme en caso de que tengas alguna duda, pregunta o inquietud (te recuerdo que tienes mis datos más abajo)!

Un abrazo,

Hendo

Desvanecer

Apenas terminó de leer lo que pensaba que era una invitación, el suelo comenzó a ondularse como el agua, y los muebles de la sala donde se celebraba la soñada reunión con Jaime y Ernesto se desvanecieron en una neblina. Las paredes se disolvieron, revelando un vasto campo de girasoles que se mecían al ritmo de una melodía invisible. Hendo apareció ante Hannah, flotando ligeramente sobre el suelo, y le tendió la mano.

—Ven conmigo, te mostraré el camino, hija mía... —dijo con una voz que resonaba como un eco suave y distante.

Ella le tomó la mano y, de repente, se encontró en un teatro, enorme como un estadio, rodeada de miles de caras que le recordaban a Vladimir, Silvia y Lena, todos escrutándola atentamente.

Justo cuando Hendo iba a pronunciarse de nuevo, Hannah despertó de golpe. Estaba en su cama, con la luz del amanecer filtrándose por las cortinas. Se quedó unos momentos mirando al techo, tratando de comprender lo que había sucedido. Lentamente, una sonrisa se formó en su rostro. Había sido sólo un sueño, pero la emoción y la anticipación seguían ahí: todavía no tenía ninguna idea de lo que le esperaba al asistir al taller.

6

Día D

INICIO DE JORNADA

Después de desayunar en un comedor repleto de gente, bullicioso y lleno de rostros desconocidos, Hannah se acercó a una de las empleadas uniformadas de la recepción del hotel donde se alojaba para preguntarle por la ubicación de la sala en la que se llevaría a cabo el taller.

—Al final del pasillo, pasando los ascensores, a la derecha... —respondió la empleada con una amplia sonrisa que iba de oreja a oreja.

Mientras se dirigía hacia allí, Hannah empezó a escuchar música proveniente del final del pasillo. Aunque no lograba identificar la canción, era un tema conocido, popular, divertido y alegre. A cada paso que daba, la música se hacía más fuerte, retumbando como un bombo en su pecho y aumentando las ganas que tenía de iniciar la jornada.

Cuando finalmente llegó a la puerta, se asomó y vio una persona caminando lentamente por la sala. Parecía disfrutar del momento en la efímera, transitoria y fugaz soledad de aquel espacio ocupado solamente por las ondas de la música, mientras devoraba una página de un libro que atesoraba en una mano y mordisqueaba una jugosa manzana que sostenía en la otra.

Descripción

La apariencia física de la persona que Hannah divisó inmersa en el libro y saboreando la manzana la sorprendió aún más. A juzgar por las fotos que había visto en internet y en su perfil de LinkedIn, supuso que se trataba de él.

Aunque era de estatura baja, destacaba en el espacio con una presencia imponente. Su figura y su mirada proyectaban un aura dominante que arrojaba una sombra envolvente a su alrededor. Aunque se encontraba solo en la sala, parecía estar llena.

Sus ojos eran grandes, intensos y profundos, de un negro penetrante, enmarcados por un tono de piel casi tan oscuro como su mirada. Además, una densa y frondosa barba, bien cuidada y definida, como una prolongación natural de su cabello, cubría gran parte de su rostro. Y su cabeza, redonda y perfectamente simétrica, parecía hecha a medida y estaba coronada por una capa muy fina de cabello platinado, como una reluciente y valiosa corona de platino recién lustrada.

La dualidad de su aspecto y su presencia era cautivadora, intrigante y atractiva. También intimidante. Y aunque todo su atuendo era de tonalidades oscuras, incluyendo el traje elegido para la ocasión, proyectaba más luz que cualquier otra persona que Hannah hubiera conocido.

—¡Buenos días! —dijo Hendo con una sonrisa que iluminaba su rostro de extremo a extremo, al notar la tímida presencia que comenzaba a invadir la sala—. Aunque eres la primera en llegar y has venido con algunos minutos de anticipación, ¡eres más que bienvenida a entrar y acomodarte!

Hannah se quedó momentáneamente paralizada. «¡Mierda! Debería haber planchado mejor esta camisa. Con estas ojeras, ¡pensará que parezco un muerto!», musitó, tratando de que nadie se diera cuenta.

Acercándose y caminando con confianza hacia ella para darle la bienvenida, le tendió la mano y añadió:

—¡Mucho gusto! Yo soy Hendo.

Hannah hizo un esfuerzo por poner su mejor cara: simplemente le devolvió la sonrisa y respondió en modo automático:

—Encantada, yo soy Hannah.

Ambos rieron con timidez y torpeza.

—Perdona la música, creo que está un poco fuerte —volvió a decir Hendo para rellenar los segundos que empezaban a volverse un poco incómodos.

—La música está bien, no te preocupes...

—Me ayuda a despertar, a empezar la jornada con energía —exclamó, apoyando los brazos en la cintura. Luego, miró fijamente a Hannah como si buscara un objeto perdido en sus ojos y comentó—: ¿A qué te dedicas?

—Soy mánager de un equipo comercial de uno de los negocios de Newenergy... —recitó casi de memoria, dándose cuenta de lo aburrida, monótona y rutinaria que sonaba su existencia.

Café de bienvenida

—Tenemos unos diez minutos antes de comenzar —anunció Hendo con entusiasmo, siguiendo el ritmo de la música que invadía la sala.

Mientras tanto, Hannah olfateaba y perseguía el aroma del café recién servido en la parte posterior, como una adicta sin remedio ni esperanza. No le parecía mala idea tomar otra taza para terminar de despertarse por completo y recargar energías antes de ponerse manos a la obra. Aunque estaba ansiosa y emocionada por lo que le depararía la jornada, también presentía que requeriría un esfuerzo extra. ¿Estaba lista para ello?

Tomando los primeros sorbos de café desde el fondo de la sala, Hannah observaba con curiosidad y atención a los demás integrantes del grupo que iban entrando. Se acomodaban en las sillas vacías y desparramaban sus pertenencias con un sentido de propiedad que estaba al límite del descaro, como si estuvieran en su propia casa o en su propio despacho. Algunos abrían rápidamente sus portátiles y se sumergían en los correos electrónicos acumulados en la bandeja de entrada, mientras que otros aprovechaban para hacer llamadas telefónicas, comer un bocado o ir al baño. Unos pocos se presentaban y se dedicaban a conocer al resto de los compañeros. La diversidad de personas era evidente.

De repente, una voz interrumpió el ejercicio de contemplación en el que se encontraba.

—¡Buenas! ¿Qué tal? —exclamó el recién llegado—. Yo soy Carlos.

—¡Buenos días! Yo soy Hannah.

—Soy gerente de Producción y Operaciones en Stamp Brasco —añadió, tratando de parecer interesante y mantener la conversación viva—, una empresa que produce componentes y piezas para el sector automotor.

—OK —comentó Hannah sin mucho interés, a la vez que miraba al grupo y esperaba la señal para comenzar oficialmente la jornada—. Y ¿qué opinas de todo esto, Carlos? ¿Tienes alguna expectativa para el taller de hoy?

Carlos terminó de servirse un vaso de agua antes de responder. Resopló, infló el pecho y, mirando por encima del hombro, dijo:

—¿Quieres saber la verdad? ¡Me obligaron a venir! Ya domino todo sobre estos temas, ¿sabes?

—¿En serio? —preguntó Hannah, sorprendida por su actitud.

—Sí..., ya he visto y escuchado todo esto varias veces. He estado en muchos talleres de este estilo. ¡Son todos iguales! ¿No crees?

Hannah se quedó pensativa por un momento.

—No lo sé. ¡Quizás hoy haya alguna sorpresa!

Rompiendo el hielo

La música cesó y todos se acomodaron en sus asientos, expectantes ante lo que iba a comenzar, pendientes de las palabras que Hendo estaba por pronunciar.

Catorce puestos estaban ocupados, distribuidos en tres mesas que llenaban la parte central de la sala, dejando un asiento vacío justo delante de Hendo.

Hannah, sentada cómodamente en uno de los extremos de la

sala, tenía una perspectiva privilegiada de todo lo que sucedía. Allí, sin tener que preocuparse por lo que pasaba detrás de ella, se sentía más relajada y libre.

Todos los ojos y toda la atención estaban puestos en Hendo, quien comenzaba a irradiar energía frente al grupo, que se mostraba atento, interesado y observador.

Hendo sonreía mientras daba la bienvenida al grupo y trataba de hacer una introducción del taller. Sin embargo, su discurso se vio interrumpido muy rápidamente por el chirrido de la puerta al abrirse: «Clinc, clinc, clinc».

Una persona entró con una expresión indolente y despreocupada, mostrando una calma total.

—¡Mil disculpas! Me había dejado algo y me ha tocado volver a recogerlo... Y, por cierto, ¡buenos días a todos! Yo soy Juan, ¡pero todos me llaman Johnny!

Hendo y el resto del grupo esperaron a que la persona se acomodara en una de las sillas vacías. Luego, Hendo le dedicó un gesto de comprensión y dijo:

—¡Buenos días! No te preocupes, te estábamos esperando... ¡llegas justo a tiempo!

Aunque era pronto para sacar conclusiones precipitadas, la sesión había comenzado con un tono enérgico y siguiendo el plan establecido. Hendo empezaba a tomar el control de la situación. Recordó cuánto disfrutaba y se inspiraba al impartir estos talleres, gracias a la energía palpable en la sala y a la conexión que comenzaba a forjarse con los asistentes.

Durante los siguientes minutos, Hendo empezó a presentar las ideas introductorias del taller con un tono amigable y una actitud positiva. Su objetivo era empatizar, romper el hielo, construir confianza y generar credibilidad. Más allá de proporcionar contexto y alinear a los participantes, quería dejar claro que estaba allí para ayudarles a liderar y trabajar de manera más efectiva con sus equipos, para obtener así mejores resultados. Quería que cada uno comprendiera que el tiempo y el esfuerzo invertidos en el taller no serían en vano.

Durante esos primeros instantes, reforzó la idea de que el retorno de la inversión para cada líder presente dependía de dos elementos principales: primero, la habilidad del facilitador (en este caso, la suya) para guiar la conversación hacia puntos clave de aprendizaje y convertir los conceptos en herramientas prácticas aplicables en el trabajo diario; y segundo, la disposición de cada persona a aprender. Si no existía un cierto nivel de actitud y mentalidad de crecimiento, o *predisposición a aprender*, como él lo llamaba, entonces nada cambiaría jamás.

Al límite de la irreverencia, una voz picaresca desde el fondo de la sala interrumpió:

—¿Nos vas a poner a trabajar mucho hoy?

Como los primeros fuegos artificiales en una noche de fiesta, algunas risas nerviosas explotaron e irrumpieron en la sala.

—¡Algo de trabajo siempre es necesario! —dijo Hendo con una sonrisa, sin sentirse atacado en lo más mínimo—. El volumen es relativo. A algunos les parecerá poco y a otros mucho. No obstante, agradezco tu aportación, porque efectivamente tocará pensar y trabajar un poco.

Algunos de los asistentes asintieron con la cabeza.

—¿Estáis listos para continuar? ¡Haced una señal! —preguntó Hendo tras terminar la ronda de presentaciones.

Casi al unísono, como una coreografía bien preparada, el grupo respondió con un sí rotundo que permitió pasar página e iniciar uno de los primeros capítulos de la sesión.

La historia de Joe

Para su sorpresa, antes de continuar, Hendo advirtió que alguien en una de las mesas se entretenía escuchando un audio en su móvil, colocándolo torpemente cerca de una de sus orejas para tratar de no molestar a los demás a su alrededor.

«¡Oye, tú! Para ya con eso y presta atención en este mismo instante», pensó Hendo para sí mismo, sin decir absolutamente nada, conteniéndose al máximo para no parecer innecesariamente agresivo y hostil. Observando que el grupo aún parecía un poco tenso y nervioso, volvió a hablar, tratando de no parecer arrogante y condescendiente:

—Para ir entrando en materia, os invito a pensar en un personaje ficticio que llamaremos Joe.

«¿Quién demonios es Joe?», pensó Hannah, mientras su mirada recorría frenéticamente la sala en busca de alguien que compartiera su desconcierto.

—Imaginad que Joe es parte de vuestro equipo. O incluso podría ser una persona que trabaje muy de cerca con vosotros y con algunas personas de vuestro equipo, pero que deba rendir cuentas directamente a otro líder, ¿por qué no? —prosiguió Hendo—. ¿Y cómo es Joe? Suponed que Joe es un buen tipo. Es amable y educado. Y que lo conocéis bien, porque ha trabajado con vosotros, directa o indirectamente, durante unos años. Además, Joe desempeña su trabajo a la perfección, ¡mejor que nadie! Podríamos decir que es un experto en su área de conocimiento. Pero... ¡hay un pequeño problema con él! ¿Cuál es ese pequeño problema?

Hendo hizo una breve pausa a propósito, esperando que alguien se animara a aportar alguna contribución. Sin embargo, nadie dijo nada. Algunos desviaron la mirada y se quedaron quietos como una piedra, tratando de pasar desapercibidos y evitar que el ponente los señalara, mientras que otros se miraron unos a otros.

Hendo notó que todavía faltaba un poco de confianza para que se soltaran del todo y empezaran a participar más activamente. «No todo es malo —reflexionó para sí mismo—. ¡Al menos están escuchando!» Prosiguió:

—El problema, o reto, del personaje que hemos llamado Joe es que le están pidiendo que cambie o trabaje mejor.

—¿Cambiar qué exactamente? —preguntó una voz tímida desde una de las mesas esperando que nadie la escuchara—. ¿A qué te refieres en concreto?

—¡Buena pregunta! —exclamó Hendo con entusiasmo, conteniendo un «¡Aleluya! ¡Finalmente alguien se anima a decir algo...!» con todas sus fuerzas—. Necesitan que cambie, mejore o corrija sus formas de trabajar. ¿Por qué? Puede ser por distintos motivos. Imaginad que simplemente necesitan que trabaje mejor, evite algunos errores o ineficiencias y alcance resultados aún más brillantes. O imaginad que ha evolucionado la estrategia comercial, y por lo tanto de ahora en adelante tendrá que vender productos o servicios nuevos, o comunicar la nueva oferta de valor puntualizando otros diferenciadores o atributos de producto con los que, quizás, no se siente muy cómodo. O imaginad que se ha cambiado recientemente algún sistema empresarial y necesitan, por tanto, que Joe lo use activamente en su día a día. O imaginad que le solicitan a Joe que siga un nuevo proceso de *reporting* que ha cambiado recientemente.

—Vaya, esto me resulta familiar... —escuchó decir Hannah a la persona que tenía a su costado.

—¿Perdona? ¿He escuchado algo en esta parte de la sala? —interrumpió Hendo, visiblemente emocionado—. Tu nombre era Hannah, ¿verdad?

—Sí, efectivamente —respondió enderezando la espalda y poniendo su mejor cara para no parecer desinteresada o poco profesional—. Pero no he sido yo quien ha hablado. He escuchado por aquí, no sé de dónde exactamente, que el caso resulta familiar. Y, ahora que lo pienso, estoy de acuerdo con eso. ¡Tengo un par de esos personajes en el equipo! —Luego pensó, sin decirlo: «Si tan sólo tuvieras la suerte de conocer a Lena y Silvia...».

Varias personas en la sala miraban a Hannah con interés; algunos asentían y conversaban entre sí, mientras que otros se observaban mutuamente para ver sus reacciones a la conversación.

Los comentarios improvisados de Hannah dieron paso a una serie de intervenciones iniciales por parte del grupo que muy rápidamente se esfumaron y se perdieron en el ambiente.

Al percibir que todavía existía un poco de ansiedad e impaciencia en el ambiente, Hendo intervino para gestionar la situación:

—Cualquiera que sea el cambio que Joe tenga que realizar, seguramente ejercerá resistencia. ¿Por qué se resiste? Probablemente tenga unos hábitos y rutinas muy arraigados que se lo impiden. En consecuencia, apenas el líder o superior le pide que adopte las nuevas formas de trabajar, su respuesta dejará mucho que desear.

Un comentario rápido de una persona en una de las mesas volvió a captar su atención:

—Efectivamente, por lo general en este tipo de situaciones lo que piensan y dicen las personas es: «¿Y por qué? ¿Para qué? ¿Acaso no estoy logrando buenos resultados?».

—Sí, y en la mayoría de los casos, no te lo dicen abierta y explícitamente, pero sí lo piensan —añadió alguien más.

—¡Bien! —volvió a comentar Hendo, dirigiéndose al grupo—. Aparquemos esta situación y estas respuestas y reacciones, por un momento. Antes de volver a estas ideas quiero invitar al grupo a pensar en un segundo escenario.

Habitación oscura

—Empecemos con una pregunta: ¿qué adjetivos usaríais para definir la situación económica y empresarial actual? ¡No lo penséis mucho! ¿Qué es lo primero que os viene a la cabeza?

Las respuestas llovieron de inmediato, y esta vez Hendo casi no tuvo que esforzarse para hacer que hablaran. El problema vino unos segundos más tarde, ya que se dio cuenta de que le costaba más de la cuenta fomentar la discusión y seguir adelante.

Incierto, *intimidante*, *competitivo*, *volátil*, *complejo* y *retador*, anotó Hendo en un *flipchart*, sintetizando y canalizando la mayor parte de las ideas que venían del grupo hacia el papel que tenía enfrente.

—¡Aquí una pequeña muestra de lo que me estáis diciendo! —exclamó Hendo, señalando lo que había anotado—. Vaya, lo siento por todos vosotros. No es un panorama muy alentador, ¿verdad?

—¡No..., no lo es! —corearon varias voces simultáneamente en respuesta a la pregunta de Hendo.

—¡Bien! Intentemos encontrarle un poco de sentido a todo esto. Para ello, pasemos al segundo escenario. Imaginad de nuevo a Joe. O, por qué no, a una persona de vuestro equipo en la vida real. Imaginad que esa persona está de pie en mitad de una habitación oscura, tan oscura que no se ve absolutamente nada. Además de no saber dónde se encuentra, tampoco sabe cómo ha llegado allí, qué tiene delante, detrás o a los costados. ¡La persona no ve absolutamente nada! Sin embargo, vosotros, es decir, el líder o superior directo de esa persona, está observando la situación desde un balcón, desde lo alto, y tiene una visión global de todo lo que pasa, incluyendo, por supuesto, la persona en la habitación y todo lo que la rodea. Ahora, con esta situación en mente, haré dos preguntas al grupo. ¿Estáis preparados? —exclamó, alzando la voz para captar la atención de todos.

Esta vez el grupo entonó un fuerte sí casi de inmediato.

—¡Perfecto! La primera pregunta para vosotros es: ¿cómo creéis que se siente Joe en esa situación? ¿Qué adjetivos usaríais para describir sus emociones en ese momento?

Entusiasmada, Hannah alzó la mano y, con su respuesta, desencadenó una repentina cadena de ideas:

—Nervioso, solo, asustado...

Otras respuestas similares le siguieron: inquieto, frustrado, agitado, estresado...

—¡Bien! Y ahora, la segunda pregunta —volvió a decir Hendo, dirigiéndose nuevamente al grupo—. Basándonos en lo que me estáis contando, como líderes, ¿qué podríais o deberíais hacer para ayudar a Joe a dar un paso hacia delante?

—¡Ésa es fácil! Hay que encenderle la luz para que vea algo —expresó Johnny saltando de la silla con una carcajada que puso en tela de juicio su salud mental.

Todos rieron, incluyendo a Hendo. Johnny comenzaba a destacarse como uno de los asistentes más bromistas, divertidos y extrovertidos del grupo. «Puede ser un buen aliado para hoy —pensó Hendo—, me ayudará a romper los silencios y mantener la energía donde tiene que estar.»

—¿Y bien? Ya tenemos una primera idea por parte de Johnny. ¿Y los demás? ¿Qué decís? ¿Cómo ayudaríais a Joe? —añadió, esforzándose por centrar y dinamizar la conversación.

Hendo observó al grupo con un aire levemente desafiante. Prolongó el contacto visual, sosteniendo la mirada con intensidad, y estiró el silencio, como un chicle a punto de romperse, hasta que el grupo no pudo más.

—Le daría algo de apoyo... —intervino Johnny nuevamente,

esta vez con un poco más de seriedad, mostrando una faceta que no había revelado hasta el momento.

—Sí, estoy de acuerdo —añadió Hannah—. Tal vez llevarlo de la mano, decirle que estamos juntos en esto y que no está solo.

—Darle contexto, explicarle claramente la situación para que pueda hacerse una idea de lo que le espera —sugirió otro participante.

—Ofrecerle instrucciones paso a paso para llegar hasta la puerta —propuso otro.

—Yo le proporcionaría ánimo y motivación —afirmó alguien.

—Decirle que confíe en el plan que hemos trazado para sacarlo de allí —corearon otros, de forma consecutiva.

Hendo hacía un esfuerzo por mantener el ritmo de la conversación mientras apuntaba algunas de las ideas en el *flipchart*. Al ver que el grupo había dicho todo lo que se podía decir, releyó mentalmente lo que había apuntado e intervino, volviéndose hacia ellos, que esperaban a que les diera a entender el motivo principal de la discusión.

—¡Bien! Fijaos en que, según me decís, hay una lista de acciones sencillas que se pueden realizar y poner en práctica en una situación de este tipo. Me gustaría que os preguntarais: ¿cada cuánto aplicáis estas ideas con las personas de vuestro equipo? Lo que yo he visto a través de mis años de experiencia es que la mayoría de los líderes se olvida de este tipo de acciones por completo cuando el día a día se complica. Es por eso por lo que, durante la jornada de hoy, profundizaremos en algunos de estos aspectos fundamentales y básicos que permiten liderar esfuerzos y personas hacia la acción, y haremos un doble clic en las mejores prácticas y las herramientas que se pueden (y se deben) utilizar para liderar a las personas, hacerlas crecer y retarlas para lograr los resultados deseados en estos ambientes.

Agenda

—Entonces, ¿cómo abordaremos todo lo que nos queda? —continuó Hendo, aproximándose de nuevo al *flipchart* y agarrando uno de los rotuladores que tenía más a mano. El grupo observaba sus movimientos con atención—. ¡Vamos ahora con la agenda! Repasaremos una por una las cinco reglas o principios básicos del liderazgo en el entorno organizacional actual, como las llamo yo.

Escribió en mayúsculas, de forma legible, un título que decía: LAS CINCO REGLAS DE ORO, acompañado de una lista que indicaba:

- Regla 1: aceptar el precio del liderazgo
- Regla 2: liderar a las personas como personas, no como recursos
- Regla 3: encender la luz
- Regla 4: promover el *engagement*, no el *disengagement*
- Regla 5: suministrar oxígeno para el alma

—Seguramente tenéis curiosidad por conocer qué quieren decir exactamente estas reglas, ¿verdad? —planteó Hendo—. Descubriremos las tres primeras antes del almuerzo, que será a las 13.00 horas, y las dos últimas después del almuerzo. Todo esto nos llevará hasta la hora de salida, a las 18.00.

—¿Y los descansos, Hendo? —preguntó Johnny ansioso—. ¡Eso es lo más importante!

Algunos no tenían claro qué abarcaba cada punto, como Hannah, que preguntó:

—Me gustaría entender exactamente qué incluye cada uno de estos puntos, Hendo. ¿Podrías proporcionar más detalles?

—Por supuesto. Éstos son cinco principios o elementos básicos que todo líder de personas debe aplicar para trabajar efectivamente con su equipo, o incluso con otros interlocutores en el día a día. Y permíteme aclarar algo: la palabra *básico* en este contexto no significa fácil, sino importante, crítico, fundamental, esencial, ¿me entiendes? —Hannah frunció el ceño—. Estas cinco reglas o principios son como los cimientos o pilares de un rascacielos. Evitarán que caiga, incluso en las peores intemperies. Me explico: muchos problemas que enfrentan los líderes al trabajar con personas surgen precisamente porque no aplican estos principios básicos; intentan hacer demasiado, o ir demasiado rápido, y olvidan o sacrifican estos fundamentos. A lo largo de mis años trabajando con todo tipo de líderes, he observado que los mejores siempre recurren a estos cinco elementos. Por eso son tan importantes y poderosos. Por eso los llamo reglas de oro: principalmente porque brillan, iluminan y arrojan luz sobre la habitación oscura.

—¿Y por qué dices que ayudan a trabajar efectivamente con el equipo, Hendo? —preguntó otro asistente con curiosidad.

—Me alegra que hayas notado el uso de esa palabra. Como mencionas, he dicho *efectivamente* y no *eficientemente*. Descubriremos más adelante, a través de algunos contenidos, que cuando se trata de gestionar y liderar personas, *eficiente* no siempre es igual a *rápido*, porque por lo general, *eficiente* y *rápido* al liderar personas quiere decir lento.

Aunque el grupo estaba atento escuchando a Hendo, también parecían un poco confundidos. Al notarlo, Hendo hizo una pausa, ralentizó el ritmo y profundizó en el comentario anterior:

—Cuando lideramos personas, debemos tener en cuenta que avanzar con pies de plomo a veces significa ir rápido y avanzar demasiado rápido a veces significa ir despacio. Éste es el valor, el potencial y la riqueza de estos principios. Si están bien arraigados en nuestras formas de pensar y liderar, ayudarán a evitar los típicos contratiempos que surgen cuando el día a día nos presiona, cuando los superiores nos exigen más resultados.

Mientras observaba al grupo para entender sus reacciones, Hendo notó que seguían luchando para procesar las ideas que acababa de transmitir. Estaban divididos. Algunos parecían satisfechos, ¿y los otros?

—Esto me hace pensar en algo —comentó Hannah—, ¿lo puedo compartir?

Hendo asintió.

—Cuando estamos haciendo ejercicio y llegamos a un punto

de agotamiento tal que sentimos que vamos con la lengua fuera, la primera recomendación de un entrenador personal es que respiremos lentamente, de manera consciente. ¿La razón? Aunque respirar es algo natural y básico que todos hacemos automáticamente, en esos momentos de cansancio y agobio es común que olvidemos hacerlo de manera correcta y con profundidad. La respiración consciente no sólo ayuda a mantener un suministro adecuado de oxígeno a los músculos, sino que también contribuye a la relajación y a la mejora del rendimiento físico. Concentrarse en la respiración permite recuperar el control sobre el cuerpo y continuar con el ejercicio de manera más efectiva y segura. ¿Por qué digo todo esto? ¡Creo que es comparable a la idea que mencionas sobre los principios básicos que olvidamos cuando trabajamos bajo presión con el equipo! ¿O me equivoco?

El comentario y la expresión en los rostros indicó a Hendo que podía continuar, hasta que escuchó algo que captó su atención y le hizo cambiar de parecer. Justo al lado de Hannah, una persona había sacado su ordenador y comenzaba a teclear sin parar, automarginándose de la discusión del grupo. ¡Hendo no era el único en notarlo! El sonido de las teclas empezaba a distraer a varias personas en la mesa, lo cual no era ideal, especialmente porque la verdadera discusión aún estaba por comenzar.

Escepticismo I

«No me jodas, ya empezamos», pensó Hendo al ver que tenía un elemento disruptivo, un virus, una mala hierba en el grupo.

A pesar de que estaba acostumbrado a situaciones como ésta (era algo común tener personas así en este tipo de instancias), quería asegurarse de que todo el grupo estuviera concentrado y enfocado al cien por cien en la conversación. Por lo tanto, todos quedaron sorprendidos cuando exclamó:

—¿Está todo bien ahí atrás?

Inmediatamente, Carlos dejó de escribir, levantó la mirada y la dirigió hacia el frente de la sala.

—Sí, sí... —balbuceó, visiblemente incómodo por el silencio, un poco fastidiado por la llamada de atención y algo molesto por la mirada inquisidora de muchos de los asistentes, que esperaban alguna explicación—. Ya sabes, es que los clientes no pueden esperar, Hendo. Me imagino que ése es uno de los principios que explicarás hoy. Y además, mi jefe me está escribiendo. ¿Supongo que también nos enseñarás cómo lidiar con un jefe que no para de tocar las narices?

—¡Vaya! Por un momento, Carlos, me he emocionado y me he ilusionado —respondió Hendo rápidamente, con un poco de sarcasmo.

Carlos, desconcertado, preguntó:

—¿Por?

—Porque había pensado que estabas tomando apuntes de todas las cosas tan interesantes que estabas escuchándome explicar. Y me he dicho a mí mismo: guau, debe de gustarle mucho todo lo que estoy diciendo.

El grupo rio, incluido Carlos, quien, afortunadamente, no se sintió señalado ni expuesto; al contrario, se sintió un poco más relajado.

En ese momento, Hendo comprendió que tendría que trabajar un poco más para que Carlos se integrara plenamente. ¿Sería ése su principal reto del día?

Su experiencia le indicaba dos cosas sobre estas situaciones: primero, era crucial abordarlas sutilmente lo antes posible, y segundo, siempre había una causa subyacente. Ahora tendría que descubrir cuál era. Planeaba aprovechar un momento durante el descanso de la mañana para hablar con él y entender mejor lo que pasaba y cómo podría ayudarle.

Escepticismo II

—Aprecio tu insistencia, ¡en serio! Eso dice mucho de ti. Además, entiendo que es tu trabajo venir aquí y tratar de mantener nuestro interés y de enseñarnos algo nuevo. Para eso te pagan, ¿no? —ladró Carlos sin poder contenerse, con los ojos a punto de salirse de sus órbitas y las venitas de ambos lados de la cabeza que empezaban a notarse, haciéndose prominentes y claramente visibles bajo la piel—. Mira, Hendo, no quiero sonar muy grosero ni parecer muy negativo o prepotente, pero yo ya sé de estos temas. Además, tengo un montón de cosas por hacer. ¡Y no pueden esperar! No sé si me entiendes. ¿Me entiendes lo que digo?

Hendo no le podía quitar los ojos de encima. No respondió inmediatamente. Se tomó un momento, respiró y, en un tono pausado, claro y amigable, dijo:

—¡Tienes razón! Tal vez no lo entiendo del todo. Pero quiero hacer el esfuerzo de comprender la situación. Cuéntame, si quieres, un poco más de lo que te ocupa la mente, Carlos. Quiero tratar de explorar de dónde viene todo esto. ¿Cómo te hace sentir la idea de estar aquí en este taller sabiendo que el trabajo se acumula, tus clientes no pueden esperar y tu jefe tampoco?

«¡Diablos! Este tipo está un poco nervioso —pensó Hannah mirando a Carlos con atención—. Seguro que está bajo presión, o que su vida es una mierda, o que su jefe es una mierda, o todo junto...»

Los demás participantes miraban el intercambio entre Hendo y Carlos con atención y curiosidad, como si estuvieran presenciando un partido de tenis profesional desde la grada preferencial.

Si Hendo medía y calibraba bien sus palabras, Carlos hacía todo lo contrario: desenfundaba respuestas rápidas con rabia y resquemor, probablemente porque sentía la presión de todos los que lo miraban.

—¡Dios! ¿No lo entiendes? —exclamó Carlos, saltando de su silla, notablemente frustrado y tenso, haciendo aspas con sus brazos como si estuviera alertando al mundo de una catástrofe inminente—. ¿Acaso crees que tengo tiempo para todo esto? ¿Acaso crees que los clientes y mis superiores directos pueden esperar a que les dé respuestas y solucione sus propios problemas mientras me siento a escuchar, aprender y sonreír y fingir que todo va bien?

—Agradezco tu sinceridad. ¡En serio! —expresó Hendo, aprovechando la oportunidad para profundizar. Luego, continuó dirigiéndose una vez más a su interlocutor del momento antes de incluir al resto del grupo en la discusión—. Tal vez me equivoco, pero creo que empiezo a entender algunas de las cosas que me dices. ¡Veamos! Por un lado, eres una persona con mucha experiencia. Por lo tanto, es probable, como bien comentas, que ya sepas muchas de las cosas que discutiremos hoy. Y, por otro lado, intuyo que estás muy ocupado. Eso no descarta el hecho de que ésta pueda ser una oportunidad de conocer a personas nuevas y aprender de tus compañeros. Seguramente, ellos también viven realidades similares a la tuya en el trabajo. Sé que la cuestión del tiempo es muy difícil de gestionar. ¡Nos pasa a todos hasta cierta medida! No conozco una sola persona en este mundo que no tenga problemas con esto...

El grupo asentía ante la reflexión de Hendo. Muchos se sentían representados y reflejados en la conversación sobre la dificultad de gestionar el tiempo, las prioridades y los conflictos en el trabajo.

—Me gustaría aprovechar este punto para preguntar al grupo que opinan sobre esto... —insinuó Hendo, tratando de involucrar a los demás en la conversación para no perderlos—. ¿Hay alguien que, además de sentirse representado en la conversación, quiera darnos alguna opinión al respecto?

Como era de esperar, Hendo se encontró con un muro de silencio. Era un tema y una situación delicada. Nadie respondió, se miraban unos a otros esperando a que alguien se lanzara al agua y cortara la tensión que se había empezado a acumular. Hendo, por su parte, observaba la reacción de las personas desde la parte del frente de la sala antes de intervenir nuevamente para extender la invitación a participar de la discusión.

—Bueno, si os parece, empecemos con algo más fácil. ¿Cuántos de vosotros sentís que el día a día se os come y que hay que hacer cada vez más con cada vez menos? ¿Podríais levantar la mano o hacerme una señal, por favor?

Esta vez el muro de silencio se convirtió en una marea de manos alzadas. Todos asentían a su modo, excepto Carlos, que miraba de reojo cómo se desenvolvía la discusión que él mismo había iniciado unos minutos atrás con sus quejas.

Antes de que la conversación y el taller siguieran su curso,

Hannah intervino amablemente, dirigiéndose primero a Hendo, luego a Carlos, y finalmente al resto del grupo:

—En mi opinión, creo que esta parte de la conversación es muy relevante. Quisiera aprovechar para reforzar la importancia de estas ideas. Yo me siento como él el noventa y nueve por ciento de las veces: angustiada, asfixiada, nerviosa, estresada...

—Como la persona en la habitación oscura... —susurró alguien que la escuchaba.

Hannah continuó, notando la aprobación del resto del grupo. Carlos también la escuchaba y, contra todo pronóstico, asentía tímida e inconscientemente con la cabeza, parecía un poco más relajado que hace unos minutos; ¿tal vez sentía que no estaba del todo solo en esto?

—Es que lo veo por todas partes. En el trabajo, creo que todos sufrimos del mismo mal: la falta de tiempo, la sensación de apuro, el estrés, la sensación de estar solos en esa habitación oscura sin poder hacer nada al respecto, excepto esperar a que nuestro jefe ladre la próxima orden sin ninguna consideración por nuestro bienestar personal. Imagino que no estoy diciendo tonterías, ¿no? ¿Os pasa lo mismo? A veces pienso que si yo me siento así, seguramente mi equipo también siente esa presión. ¡Por supuesto, eso sí, todos a su manera! Y, por tanto, quisiera encontrar una forma de ayudarlos a superar este tipo de situaciones. Es decir, no sé si lo que estoy haciendo está funcionando del todo...

Anticipándose un poco más de lo necesario, Hendo mostró curiosidad y preguntó:

—¿Exactamente qué estás haciendo? ¿Nos cuentas un poco más? De todo lo que estás haciendo, ¿qué crees que está funcionando y qué no?

Hannah reflexionó en voz alta:

—Veamos, una pregunta que me hago frecuentemente es ¿el tiempo realmente se puede gestionar? Los ingresos, los márgenes y la productividad son cosas que se pueden gestionar. Es decir, ¡se pueden aumentar o disminuir! Pero no así tiempo, que siempre será una cantidad fija, finita. ¡Todos tenemos la misma cantidad y eso nunca va a cambiar! Lo que sí cambia es la percepción individual que cada uno tenemos de ese recurso tan preciado. Por lo tanto, a veces lo que me ayuda es preguntarme a mí misma: si no puedo controlar el tiempo, ¿qué sí puedo controlar? ¿Qué es lo que está bajo mi control en estas situaciones?

Después de la última pregunta, Hannah frenó en seco y chocó contra una pared de ideas enrevesadas y contrapuestas en su cabeza. Un par de compañeros aprovecharon para pronunciarse al respecto, comentando en voz baja entre ellos.

A pesar de la falta de claridad mental, Hannah continuó entusiasmada, esforzándose por articular con confianza lo que tenía guardado en algún lugar de su mente:

—Me refiero a que, si no podemos gestionar el tiempo, lo que sí podemos hacer es tratar de organizar y actuar sobre nuestras prioridades y nuestra propia actitud ante aquella sensación de apuro, estrés, resignación y frustración. Siempre me acuerdo de una cita que me repetía mi madre cuando me veía agobiada. Decía: «La decisión más importante que puedes tomar cada día es estar de buen humor...».

El grupo se mostraba reflexivo, inquieto e impaciente después de escuchar los comentarios de Hannah. Y Carlos, en el otro extremo de la sala, volvía a agitarse y exasperarse levemente, tamborileando los dedos de una mano sobre la mesa y consultando contenidos en su móvil con la otra. Además, por su postura y su mirada, a Hendo le parecía que tenía algo que decir.

Hendo le dirigió la mirada y le invitó a hablar a través de un gesto amigable con los ojos. Carlos prorrumpió:

—Pero ¡por favor! ¿Qué estoy escuchando? ¿Cómo puedo gestionar mi actitud y mis propias prioridades si todo viene impuesto desde arriba? Es que yo soy un mamarracho en un sistema que ve a las personas como yo como un mero recurso, una caja en un organigrama, un engranaje muy pequeño de un motor gigantesco que produce dinero. Por lo tanto, os voy a explicar lo que me sirve a mí. Hace unos años alguien me dio un consejo que cambió, poco a poco, mi forma de ver el rol que tenía en el trabajo: los únicos objetivos o prioridades que importan son los de nuestros jefes. Punto. Como dicen por ahí, ¡jefe contento, vida contenta! ¿No?

—Tiene algo de razón, pero ¿verdaderamente dicen eso de los jefes? —se preguntó Johnny mientras acallaba el primer pensamiento que le cruzó por la cabeza: «¡Este tipo está un poco loco! ¡Qué cretino!».

A pesar de que el equipo estaba dividido, Hendo sabía que no era el momento de profundizar en esta idea. Antes de que se volviera a desviar la conversación en otra dirección, volvió a dirigirse al grupo:

—Bien. Definitivamente creo que hemos roto el hielo y calentado motores. Ése era el objetivo principal de esta primera hora. En unos minutos, y más adelante durante el día, profundizaremos en algunas de estas ideas que hemos empezado a compartir, discutir y debatir.

—¡Madre mía! ¿O sea que todavía no hemos empezado? —musitó Johnny entre dientes a una de las personas que tenía a su lado.

Insistencia

Mientras el grupo se preparaba para una primera pausa antes de reanudar el trabajo, Hendo avistó a Carlos. Desde su posición, aún podía percibir un poco de nerviosismo y estrés: parecía que luchaba con la avalancha de mensajes que se apilaba en su bandeja de entrada y el mundo de frustraciones e ideas que habitaba en su cabeza.

—Perdona la interrupción, Carlos. ¿Qué tal lo llevas? —le preguntó, acercándose sigilosamente para no alarmarlo demasiado.

—Pues, aquí estamos... —respondió con un tono parco y sobrio, sin desviar la atención de los correos que estaba respondiendo.

Sin querer sonar paternalista, y tampoco intenso, Hendo continuó:

—Está muy bien que seas sincero conmigo y con el grupo.

¡De veras! Creo que siempre es mejor hacerlo así. De hecho, si en algún momento quieres que profundicemos al respecto o hablemos, no dudes en decírmelo. Estaré encantado de tener la conversación contigo, ¿te parece?

—Ya —respondió nuevamente con desinterés y apatía.

—¡Vale! Ánimo, si me necesitas, comentamos cuando quieras... —concluyó Hendo, conteniendo un «¡Paciencia! Dale algo de tiempo...».

En ese instante, Hendo entendió que no era el momento ideal para insistir y tratar de llegar al quid de la cuestión. Más adelante tendría alguna oportunidad adicional.

7

Regla 1: aceptar el precio del liderazgo

¿Te gusta ser líder?

—¿Cuáles creéis que son las ventajas y beneficios de un liderazgo bien ejercido? —preguntó Hendo al grupo al retomar la conversación.

Fama, dinero, poder... fueron las palabras que, entre risas, insinuó el grupo al responder.

—¡Vaya! Todas las cosas importantes de la vida... —apuntó Hendo con un poco de ironía—. Creo que mejor os voy a hacer una pregunta distinta. Aquí va: de uno a diez, ¿cuánto os gusta ser líderes? —y rápidamente puntualizó—: Y, por favor, evitad respuestas demasiado rápidas, pensadlo honestamente durante un minuto o dos...

Esta vez, fue Juan, uno de los asistentes, el primero en hablar:

—En mi caso, no lo tengo del todo claro. ¿Tal vez un cinco? ¿Un seis? ¿O un siete? Creo que hay días que me gusta y se me da bien, y otros que no. ¡Y hay días que es difícil! Muchas veces me encuentro pensando y diciéndome a mí mismo: «¿Qué hago aquí con estas personas? ¿Cómo las puedo ayudar? ¿Por qué nada me sale bien?». Y todo esto me lleva a pensar que si yo no tengo claro qué es lo que me motiva, me va a resultar difícil motivar y liderar a los integrantes del equipo. ¡El liderazgo empieza con uno mismo! ¿O me equivoco?

Hubo silencio mientras el grupo reflexionaba sobre las palabras de Juan. La observación hizo que Hendo también recapacitara:

—¿Podrías profundizar un poco más? ¿Qué quieres decir exactamente al mencionar que el liderazgo comienza con uno mismo?

Juan no perdió el tiempo y compartió sus ideas con una tímida sonrisa, reconociendo su falta de claridad y conocimiento del tema.

—Uf, veamos..., no tengo una respuesta definitiva. Sin embargo, por alguna razón que aún no comprendo del todo, comienzo a recordar a un jefe que tuve hace muchos años cuando acababa de comenzar en el mundo laboral. Para mí, era un jefe excelente, ¡realmente me enseñó mucho! —respondió con un suspiro al rememorar aquellos momentos, tratando de recuperar las ideas de años atrás. Luego continuó—: Me proporcionaba contexto e información y lograba que me sintiera parte del equipo. No era una relación puramente protocolaria; era más bien como si estuviéramos todos en el mismo barco, enfrentando desafíos y persiguiendo grandes objetivos juntos. Y, además, recuerdo que siempre decía que le encantaba su trabajo y hacerlo con el grupo. ¡Era de verdad! ¡Se notaba como le salía de los poros! ¡Era fantástico!

Carlos, más ensimismado que nunca, perdido en su propio mundo y en sus propios problemas, no evidenciaba una actitud representativa del resto del grupo, que asentía y compartía la reflexión anterior. Hendo lo notó y se percató de inmediato.

—¿Hay algo adicional que alguien quiera comentar sobre lo que estamos escuchando de Juan? —dijo Hendo para aprovechar el impulso generado por los comentarios anteriores y extender la invitación a los demás.

Otra de las asistentes, Sofía, intervino tras levantar la mano rápidamente y lanzarse al ruedo:

—A mí me parece interesante lo que expresó el compañero hace unos minutos. Me refiero a la idea sobre liderarse a sí mismo antes de liderar a los demás.

—¿Qué es lo que te parece interesante? ¿Y por qué? —cuestionó Hendo, invitándola a pensar acerca de lo que había compartido con el resto del grupo.

—Eh, no lo sé exactamente... —indicó la persona, hablando entre dientes y mirando hacia el vacío, mientras se esforzaba al máximo por encontrar una respuesta para evitar una banalidad—: Hay un par de ideas que me vienen a la cabeza. En primer lugar, diría que, como persona y como líder, tengo que ser extremadamente consciente de mis fortalezas, áreas de mejora y valores para poder utilizarlos correctamente en el día a día. Sobre todo en los momentos más acuciantes que marcan la diferencia...

Hendo dio un par de pasos hacia delante y se le acercó para comentar:

—Por lo que dices entiendo que para ti el liderazgo es algo situacional y personal. ¿Es eso a lo que te refieres? ¿Hay algo más?

—Sí, ¡creo que va por ahí! Pero también quiero decir que, según lo veo yo, y por mi experiencia, no hay una fórmula o receta mágica que ayude a todo el mundo a ejercer un liderazgo excelente. Esto no es algo que venga con manual de instrucciones. ¡No es una tarea algorítmica que se pueda automatizar a través de una lista de pasos para dummies! ¿O acaso alguien ha visto una varita mágica que los jefes puedan usar para convertir, de la nada y por arte de magia, a los demás en superestrellas? ¡Pues yo no! Como dijo alguna vez Carl Jung: «El zapato que le queda bien a una persona, le aprieta a otra. No hay una única receta para vivir que funcione en todos los casos». Puede que el liderazgo sea una ciencia, pero también tiene mucho de arte, de instinto: eso es lo que lo hace tan especial y por eso estamos aquí, ¿no es cierto? A lo que me refiero, volviendo al punto inicial, es que tenemos que ser capaces de apalancarnos en nuestras capacidades críticas, habilidades y competencias para ejercer un estilo de liderazgo que sea auténtico y genuino. Es esto lo que creo que aporta valor al equipo y a las personas a nuestro alrededor, de lo contrario, todo parecerá prefabricado, de mentira, y la gente lo notará y tratará de evitarlo. Y posiblemente llegarán a reprochárnoslo, aunque sea en silencio o en las conversaciones de pasillo.

De repente, el grupo miraba a Sofía con una gran dosis de

admiración y respeto. Todos parecían entusiasmados por lo que estaban escuchando de aquella persona que, hasta hace unos minutos, parecía que no tenía mucho que decir. Además, por lo que agregó a continuación, todavía no había terminado:

—Sólo quiero añadir una cosa más, si le parece bien al grupo. Creo que es relevante decir que si no creemos en nosotros, nadie lo hará. Por eso es tan importante la idea de poder liderarse a uno mismo. Como decía alguien hace un momento, se trata de encontrar motivación personal para que todo lo demás sea más fácil, eficiente y efectivo.

Un nuevo asalto

En tan sólo unos segundos, el centro de gravedad y el protagonismo en la sala habían experimentado una rápida transición: de los comentarios y los mensajes de Sofía pasaron a la apatía y dejadez de Carlos, quien volvía a distraerse y dejarse absorber por completo por la pantalla de su móvil y su ordenador, que se perpetuaban encima de la mesa.

«¡Pero es increíble! —pensó Johnny mirando a Carlos—. ¿Qué estará haciendo el tipo? ¿Estará viendo una serie o qué se traerá entre manos?»

Pese a la actividad de Carlos, el grupo se sumergió en una discusión que formaba parte de una actividad para explorar las ideas anteriores y sus implicaciones sobre las acciones del día a día en el trabajo. Mientras tanto, Hendo se acercó con cautela hacia el lugar donde se encontraba Carlos y le habló nuevamente en voz baja para no distraer a sus compañeros:

—Veo que estás ocupado con algo, así que, disculpa la interrupción. ¿Cómo vas?

—Tengo mucho que hacer, Hendo —exclamó Carlos con un tono parco y sobrio, poco contento ante su insistencia.

—Eso veo. ¿Sería posible que hablemos un par de minutos?

—¿Ahora?

—Sí, mejor si es ahora. No nos tomará mucho tiempo, y seguro que después podrás retomar lo que estás haciendo.

¿Cuál era el motivo detrás de la actitud de Carlos y qué le impedía participar más activamente en el grupo? Ahora, Hendo estaba decidido a averiguarlo. «Es ahora o nunca», consideró mientras lo cogía de un brazo como a un niño malcriado y lo arrastraba hacia un rincón de la sala.

—¿De qué se trata todo esto? —musitó Carlos, conteniendo un «¡Hombre! ¡Para ya! Que tengo cosas que hacer y no quiero hablar con nadie en este momento...».

Hendo no quería mostrarse nervioso, mucho menos frustrado y condescendiente, por lo cual puso su mejor cara, lo miró directamente a los ojos y le indicó:

—Verás, Carlos, corrígeme si me equivoco, pero he llegado a la conclusión de que no sólo estás ocupado y distraído, sino que no quieres estar aquí; no quieres hacer ni el más mínimo esfuerzo por meterte en la sesión con el resto de los compañeros. Y, por favor, no me malinterpretes, estoy seguro de que tienes muchísimo que hacer, y está bien que te preocupes por tu trabajo, pero sólo quiero entender si hay remotamente algo que pueda hacer para ayudarte a que saques algún beneficio de esto mientras estés aquí. ¡Créeme! Quiero ayudarte...

Hendo no lograba entender si Carlos lo estaba escuchando, ya que miraba con gravedad hacia el infinito y estaba un poco retraído y encogido de hombros. No obstante, rápidamente volvió la mirada hacia Hendo y se explicó con un tono sarcástico:

—¿Por qué me quieres ayudar tú a mí? Nadie lo hace. Eso es lo que no entiendo.

Hendo sonrió, reconociendo que había encontrado algo útil. «¡Vaya! Este hombre necesita ayuda», reflexionó para sí mismo.

¿Había dado en el clavo? Consciente de que no tenía mucho tiempo, Hendo puso una mano en el hombro de Carlos. Sin embargo, antes de que pudiera pronunciarse, Carlos volvió a expresar su frustración, esta vez sin contenerse:

—Hendo, de verdad, lo que creo que no entiendes, ni tú ni nadie, es que no se trata de frustración, estrés, sensación de apuro o desasosiego...

«Entonces —se cuestionó Hendo mientras lo escuchaba—, ¿de qué está hablando exactamente?»

—¡Es quemazón! —continuó Carlos abrumado, como si se estuviera desahogando—. ¡Eso es lo que es! ¡Estoy quemado!

En ese momento, mientras conversaban en un rincón de la sala donde se llevaba a cabo el taller, tratando de no interrumpir al grupo que trabajaba, Carlos dejó salir lo que había estado guardando. El desahogo fue controlado pero agudo, intenso, vivo. Hendo se quedó sorprendido: no esperaba que la catarsis llegara tan pronto, y mucho menos en ese momento. Carlos murmuraba palabras cargadas de sentimientos y emociones que se escapaban por cada poro de su piel y se manifestaban a través de los inmoderados gestos de su cuerpo y las intensas expresiones de su rostro, que comenzaba a enrojecerse y a alarmar a una parte de Hendo, que no podía evitar pensar en retomar la conversación con el resto del grupo que aguardaba.

«¡Qué momento para hablar de esto!», se dijo a sí mismo.

—¿Puedo ser honesto contigo? —preguntó Hendo, mirando a Carlos fijamente a los ojos para transmitir toda su sinceridad.

Carlos abrió los ojos como platos, como dos faros que alumbran la noche, sin saber cómo reaccionar o qué responder a la pregunta de Hendo:

—Bueno..., sí..., supongo.

Hendo estiró el silencio intencionadamente mientras pensaba cómo decir lo que tenía en mente: no quería inquietar aún más a Carlos y empeorar la situación.

—Hay muy poco que pueda hacer por ti en este momento. Sólo puedo hacer dos cosas. Primero, compartir contigo lo que he aprendido a través de mis propias experiencias. Y segundo, escucharte y ayudarte a entender cómo te sientes al respecto. —Hendo continuó con un tono más franco y sereno—: Si te soy sincero, yo también me he sentido así.

—¿En serio? —preguntó Carlos con cara de asombro—. ¿Tú?

—¡Sí! ¡De veras...! He aprendido que en estas situaciones hay que hacer un esfuerzo por tratar de encontrar tranquilidad, calma y sosiego. El reto es que, precisamente en esos momentos en los cuales necesitamos más calma y racionalidad, cada célula de nuestro cuerpo nos dice lo contrario. Carlos, es verdad que es muy difícil encontrar paz, tranquilidad, felicidad en nosotros mismos, pero es imposible encontrarlas en otra parte. Verás, la tranquilidad, bienestar y felicidad dependen de la calidad de nuestros pensamientos; y, muchas veces, la causa principal de la infelicidad no es la situación en sí misma, sino nuestros pensamientos sobre ella. Por ende, debemos enfocarnos en las cosas que sí podemos controlar en estas situaciones, como nuestra actitud y nuestras ideas. Escúchame bien, el mejor consejo que puedo darte es que elijas tu mejor actitud. Si no, ¡todo será peor!

—Vaya... —fue lo único que pudo responder Carlos con la mirada puesta en el vacío, tratando de asimilar y descifrar los consejos que acababa de recibir, como si fuera un enorme puzle personal apoderándose de su cabeza—. ¿Por qué no había pensado en esto antes? ¡Hendo, espera! ¡Espera! ¿Qué más me puedes decir de esto? ¿Qué crees que significa? —dijo Carlos exaltado, notando que se quedaba sin tiempo para hablar sobre el tema.

Por más que quisiera, Hendo no podía continuar con la conversación en ese momento: tenía que atender al resto del grupo que lo esperaba.

Puesta en común

Como un deportista volviendo al campo para la segunda mitad del juego, Hendo reapareció en el estrado, listo para retomar la sesión con el grupo. Para su sorpresa, los documentos de trabajo en cada mesa rebosaban de ideas, conclusiones e *insights*. El grupo parecía emocionado y ansioso por compartirlos con él y los demás. Para Hendo, era el momento de sumergirse en las mentes de las personas, desafiarlas y ayudarlas a solidificar sus formas de pensar.

Para sorpresa de Hendo, Carlos evitó usar el ordenador y el móvil durante los siguientes minutos y aprovechó para escuchar las ideas y conclusiones de la última actividad. ¿Qué más podría hacer para ayudarlo? Hendo no lo tenía para nada claro.

—En conclusión, lo que estamos diciendo es que el liderazgo tiene sus pros y sus contras, ventajas y desventajas, luces y sombras. Es una suma de partes que deben estar bien sincronizadas para funcionar correctamente. Me imagino que esto no sorprende a nadie, ¿verdad? —puntualizó Hendo mientras el grupo asentía con aprobación antes de continuar—: Sin embargo, quiero profundizar para tocar uno de los temas clave de esta jornada. Os planteo la siguiente pregunta: ¿qué nos dice todo esto sobre el precio del liderazgo? ¿Estáis dispuestos a pagar el precio de un liderazgo efectivo y decisivo?

Antes de que alguien pudiera responder, e incluso antes de que fruncieran el ceño y expresaran confusión por la pregunta que acababa de lanzar, Hendo proyectó una diapositiva con una frase en mayúsculas que cruzaba la pantalla: EL PRECIO DEL LIDERAZGO ES ________.

—¿Cómo completaríais la frase? —preguntó al grupo.

Las respuestas de los participantes llegaron de inmediato. Tras escucharlas y anotar las más representativas en el *flipchart*, Hendo pensó que algunas daban en el clavo, mientras que otras estaban fuera de lugar. No obstante, la pregunta y las respuestas habían cumplido su función.

Hendo estaba a punto de retomar la discusión cuando uno de los asistentes se adelantó con un comentario:

—Me sorprende ver que muchos de nosotros coincidimos en algunos aspectos. Hay un patrón común en las respuestas, Hendo. Lo que más me sorprende es que, según lo que estamos diciendo, hay un precio muy alto a pagar por ser un buen líder. No se supone que el liderazgo sea fácil; es algo difícil, retador, arduo y espinoso. Esto me lleva a pensar que el precio es todo el sudor y las lágrimas que hay que dejar en ese viaje. ¿O me equivoco?

—Gracias por la observación —respondió Hendo clavándole la mirada con interés—, creo que es muy oportuna. Estoy de acuerdo. El precio a pagar por un liderazgo efectivo es bastante alto..., al menos para la gran mayoría...

—¿Y qué dicen los expertos al respecto? —preguntó otro con curiosidad mientras el resto del grupo esperaba atentamente la respuesta.

—Bien, pensemos en lo siguiente. Por ejemplo, Peter Drucker dijo alguna vez que, durante sus más de sesenta años como consultor y asesor de ejecutivos alrededor del mundo, logró observar que muchos de ellos no cumplían con el estereotipo del líder que se conoce de toda la vida. En cambio, observó que eran todos muy diversos en términos de personalidad, actitud, valores, fortalezas y debilidades, entre otros. Y que algunos eran extrovertidos, mientras que otros eran introvertidos. Algunos eran unos maniáticos del control, y otros, en cambio, eran flexibles y relajados. La razón por la que comparto esta anécdota es porque coincido con este punto de vista. Mi experiencia me dice lo mismo. Durante los últimos años trabajando con líderes de diversas índoles, siempre llego a la misma conclusión: el liderazgo viene en una amplia gama de formas, colores, sabores y tamaños. La diversidad en este aspecto es increíble. ¿Y sabéis qué opino al respecto? Creo que esto es excelente, principalmente porque hace que el liderazgo sea único, especial y personal. Sin embargo, es importante tener en cuenta que hay algunos elementos que todos los líderes comparten. Por ejemplo, son excelentes comunicadores y tienen la habilidad de enmarcar perfectamente la realidad y las oportunidades a través de preguntas poderosas que invitan a todos a reflexionar. Priorizan en función de lo que es mejor para el equipo y la empresa, no sólo para ellos mismos. También poseen una gran capacidad para pensar de forma divergente y para ejecutar. Son positivos, toman decisiones efectivas, confían en sí mismos y gestionan bien a los clientes, entre otras habilidades. Además, hay una similitud adicional que siempre está presente. ¿Sabéis cuál es?

Lentamente, uno por uno, los asistentes sentados en las mesas respondieron y dieron su opinión rápidamente, añadiendo ítems a la lista anterior que Hendo había presentado al grupo. Sin embargo, Hendo no había escuchado la idea que tenía en mente, por lo cual, se dirigió al *flipchart*, pasó la página y escribió dos palabras, una debajo de la otra:

SEGUIDORES
DETRACTORES

Luego, pronunció de manera segura y pausada:

—Todos los líderes tienen seguidores. Y todos tienen detractores y críticos.

«Espera, espera, espera... —se dijo Sofía a sí misma algo confundida—, ¿qué es lo que estoy escuchando exactamente?»

Hendo observó al grupo, que lucía dividido y confundido, como si un abejorro gigante los hubiera picado y el veneno comenzara a hacer efecto. Sólo Hannah y unas pocas personas más, incluido Carlos, que pensaba en los problemas con su jefe directo, parecían seguir la nueva idea con claridad.

Tras un minuto que pareció un año entero, Sofía y Johnny rompieron el silencio al mismo tiempo:

—¿Eh? ¿Qué quiere decir todo esto, Hendo?

—¡Veamos! —respondió inmediatamente con una tenue sonrisa cáustica y sarcástica, casi como si hubiera leído la pregunta antes de que se hiciera pública—. ¿Alguien puede pensar en un líder que no tenga, o no haya tenido, ni un solo detractor o crítico? ¿Un líder al que nunca le hayan rebatido ni una sola idea? —Tras un prolongado silencio que impregnó todos los rincones de la sala de trabajo, Hendo ofreció una segunda pregunta al grupo para ayudarlos a reflexionar—: ¿Cuál es el mejor líder que cada uno de vosotros habéis tenido? Pensad en eso por un par de segundos y apenas tengáis una cara, persona o nombre en mente, quiero que os hagáis un par de preguntas adicionales... Aquí van: ¿Todas las personas apoyaban y promovían las ideas de este líder al cien por cien, en todo momento? ¿Todas las veces? ¿Nunca nadie, jamás, estuvo en desacuerdo?

Hendo hizo una pausa más para que el grupo terminara de digerir lo que acababan de escuchar y pensaran más a fondo sobre el tema en cuestión. Y solamente cuando percibió que sus cabezas estaban humeando como una máquina que se recalienta por un excesivo esfuerzo mecánico, se respondió a sí mismo con un argumento adicional:

—¿Sabéis qué? Me he hecho esas preguntas muchas veces y no he encontrado ningún ejemplo a favor de la idea de un líder que no haya tenido detractores. Hasta los más santos de todos han tenido oponentes. Por ejemplo, Gandhi y la madre Teresa los tuvieron. Por ende, vale la pena preguntarse qué significa esto para los líderes en el mundo corporativo y organizacional. Independientemente de si tienen equipos pequeños, como, por ejemplo, de tres, cinco o diez personas, o equipos grandes, como, por ejemplo, de treinta, cincuenta o incluso cien miembros, es importante ser conscientes de que el liderazgo viene con este precio. Y todos deben estar dispuestos a pagarlo.

—¡Nada es gratis en la vida! —interrumpió Johnny, alzando los hombros y reafirmando con confianza lo que acababa de escuchar.

Hendo aprovechó la breve interrupción para volver al *flipchart* y anotar algo más. Esta vez, en rojo, debajo de las dos palabras que ya ocupaban el espacio de la hoja, agregó:

SEGUIDORES
DETRACTORES
CRÍTICA

Luego, lentamente volvió el cuerpo y la mirada, clavando los ojos en el grupo que aguardaba en silencio:

—El precio del liderazgo es la crítica, el desacuerdo, el conflicto... —dijo en voz alta.

El grupo seguía mirando a Hendo, quien permanecía inmóvil en su lugar habitual, como una estatua de tamaño natural ubicada al frente de la sala. Después de unos segundos, Hannah rompió el mutismo y la quietud con una de sus preguntas, surgida de su curiosidad, interés y, también, un poco de confusión:

—Si eso es cierto, ¿qué puede hacer un líder al respecto? ¿Cuáles son las formas correctas de gestionar esta situación? ¿Alguna sugerencia?

Hendo invitó al grupo a comentar antes de acaparar la atención y monopolizar la discusión con sus ideas y enseñanzas:

—¿Alguien quiere pronunciarse al respecto? ¿Qué opináis?

Natalia, una de las asistentes, levantó tímidamente la mano y pidió permiso para hablar por primera vez durante la mañana. Tras recibir una señal por parte de Hendo para intervenir, sonrió con nerviosismo y habló con una voz apresurada y entrecortada que suscitó más dudas de las que ya había:

—Es mi opinión, pero no sé si hay algo que se pueda hacer al respecto...

—¿Qué quieres decir? —preguntó Hannah, confundida—. Dinos un poco más...

—Habitualmente, cuando todos en un equipo están de acuerdo con absolutamente cualquier planteamiento, o aparentan estarlo, es una señal de que las cosas no van bien. ¡Eso quiero decir! —exclamó con un poco más de convicción y confianza, tratando de responder a la pregunta que le habían lanzado y de disipar las dudas que había suscitado con su comentario inicial.

—Es normal que, en un equipo de personas adultas, educadas e informadas, que se tienen respeto y algo de confianza, haya distintos puntos de vista, opiniones, perspectivas y formas de ver las cosas —intervino Hendo—. Es saludable que haya desacuerdos, siempre y cuando sean constructivos. Sin embargo, cuando hay desacuerdo y conflicto en cada aspecto, eso tampoco es ideal. Pero si los desacuerdos se gestionan adecuadamente, pueden conducir a discusiones que generen nuevas ideas y soluciones. El problema surge cuando las personas no expresan sus opiniones o fingen estar de acuerdo con todo. Como líderes, es importante tener en cuenta que no todos los integrantes de un equipo estarán completamente de acuerdo con todas las decisiones que se tomen: algunas gustan y otras, no. Por lo tanto, lo que verdaderamente importa y marca la diferencia en estos casos es que haya un mínimo de respeto entre las personas del equipo. Eso es lo único que permite limar asperezas, gestionar conflictos, coexistir cuando hay diferentes formas de ser y de ver el mundo.

La falacia del superlíder

—Aceptar la idea de que todo líder tiene detractores o críticos no es fácil, pero es parte del trabajo —continuó—. La valía de un líder se mide por la cantidad de crítica, conflicto y desacuerdo que puede soportar sin perder la capacidad de operar al cien por cien todos los días. Hay estudios que respaldan estas ideas y conceptos. Muchos coinciden en que, por lo general, todo líder tiene aproximadamente un veinticinco por ciento de detractores y el mismo porcentaje de seguidores activos o promotores. ¿Y qué pasa con la otra mitad? El resto son simplemente personas neutrales, población flotante, es decir, a las que ni les va ni les viene, que siguen la corriente, como suele decirse.

Después de escuchar estos argumentos iniciales por parte del facilitador, Hannah decidió lanzarse con una pregunta que tenía en mente:

—Basándome en mi experiencia personal, puedo recordar haber tenido todo tipo de líderes: algunos a los que no soportaba y otros que eran excelentes y me inspiraban. ¿Estás insinuando que no hay líderes perfectos? ¿Que está bien, y es normal, tener deficiencias y debilidades? ¿Es eso lo que estoy escuchando?

Hendo aprovechó la pregunta para reforzar un punto clave, saliéndose del guion e improvisando un poco:

—Responderé a tu pregunta con otra que puede parecer un poco fuera de contexto. Sin embargo, en unos minutos entenderás por qué la hago. ¿Hay algo que los líderes de hoy en día puedan aprender de los superhéroes?

—Espera —exclamó uno de ellos, confundido y alerta, casi paralizado por la extrañeza de la cuestión—. ¿Podrías repetir esa pregunta?

La señal de desconcierto por parte de todo el grupo provocó una sonrisa provisional en Hendo. Tras confirmarle al grupo que su pregunta sobre los superhéroes no era un error, y mucho menos un lapsus, Hendo se enfocó en puntualizar varios temas:

—En uno de sus últimos bestsellers, un reconocido psicólogo y filósofo argumenta que existir implica tener limitaciones. Y aunque todavía no sé si estoy del todo de acuerdo con esa afirmación, me sirve para transitar al siguiente mensaje y transmitirlo. Pensad, por ejemplo, en Superman. Alguien que todos hemos visto en la televisión o incluso en el cine en algún momento de nuestras vidas. ¿Qué decir de un personaje como éste que nadie sepa? ¡Es uno de los más populares de la época moderna! Superman ha sido una auténtica superestrella durante mucho tiempo. De hecho, aprovecho para preguntarle al grupo, ¿alguien sabe la fecha de su creación? ¿Cuántos años tiene?

—Sin duda, no es tan joven como yo —mencionó Johnny riéndose, para luego especificar—: ¿Cincuenta años o más? La verdad, no estoy seguro de la fecha exacta...

—No estás muy muy lejos... En retrospectiva, el Superman que todos conocemos hoy en día tiene muchos años —prosiguió Hendo—. Tendríamos que retroceder hasta la década de los treinta para dar sentido a los momentos de su creación como personaje. ¿Y sabéis qué? Como todos, él también ha crecido, cambiado y evolucionado a lo largo del tiempo. Además, como muchos de nosotros, ¡él también ha tenido altibajos! Al principio, ¡Superman podía hacer absolutamente todo! ¡Era perfecto!

—¿En qué sentido? —preguntó alguien desde el fondo de la sala.

—Era capaz de mover montañas, lanzar láseres por los ojos y saltar de un planeta a otro a la velocidad de la luz. Parecía casi inmortal y podía curarse de la noche a la mañana. ¿Y sabéis qué pasó después?

El silencio se apoderó de la sala. Había una evidente expresión de curiosidad y desconcierto en los ojos de todos, quienes aguardaban la respuesta. Carlos, por su parte, había vuelto a clavar la mirada y enfocar su atención en el ordenador. Hendo no era el único en notarlo.

—Pues es muy sencillo, ¡la gente se aburrió de él! ¿Por qué? Por razones muy simples: porque era demasiado perfecto, porque era impecable, porque a nadie le gusta el típico sabelotodo, ¿o sí? Veréis, la idea de la perfección eterna distanciaba al héroe de la incipiente y terrenal realidad de todos sus seguidores.

—¿Y luego qué pasó? —preguntó una de las personas en la sala—. ¿A dónde vamos con todo esto?

—Ya llegaremos a eso —respondió—. Lo que quiero decir es que el superhéroe que todos conocemos hoy en día es producto de una evolución. Cuando el público y los espectadores perdieron el interés, los creadores de Superman propusieron e introdujeron cambios. Por ejemplo, pensaron en la kriptonita y varias cosas más que lo hicieran más vulnerable. Y luego, con aquella vulnerabilidad lo acercaron nuevamente al público, al pueblo, a los mortales. Y justo en ese momento, el superhéroe finalmente se humanizó un poco. Y, con eso, se hizo eterno, perdurando en el tiempo.

A pesar de la explicación, todavía había una leve y ligera expresión de perplejidad en el aire. Algunas de las caras torcían la boca y achinaban los ojos, evidenciando una pizca de confusión. Hendo, notando la energía y el tono dominante en la sala, intentó ayudar al grupo para implicarlos a través de una de sus preguntas:

—¿Qué nos dice esto sobre el liderazgo? ¿Qué relación encontráis entre esta historia y la gestión de equipos?

—¡Absolutamente ninguna! —expresó Johnny, sin poder esconder la ironía—. ¡Perdona, Hendo! Estoy de broma. Lo único que puedo decir es que la perfección, y por tanto los líderes perfectos, es un mito. Disculpa si no estoy diciendo nada nuevo, creo que esto es obvio por la historia que nos has contado. Sin embargo, lo que encuentro más interesante es que puedo pensar en líderes que he tenido que pretendían ser perfectos o demostrar que lo sabían todo. Les pasaba lo mismo que a Superman: llegaban a un punto en el que las personas simplemente se desconectaban de ellos.

—Eso es por el miedo a sentirse señalados y a hacerse vulnerables... —musitó una de las personas sin querer interrumpir la conversación.

—Bueno, sí, tienes razón. Justo estaba pensando en lo mismo —respondió Johnny, volviendo a dirigirse a Hendo y al grupo—. Creo que hay un gran miedo a la vulnerabilidad, a sentirse humano, y eso se acentúa en la medida en que el líder sube por la escalera organizativa.

Después de contar la anécdota, Hendo se dirigió a Hannah y respondió a su pregunta de la forma más explícita que pudo, expresando que la manera de gestionar la idea de tener detractores y un cierto nivel de crítica en el equipo se logra a través de la autenticidad y la vulnerabilidad: posicionándose como un ser humano, no como un ser distante de otra galaxia. Esto abre la posibilidad de mantener conversaciones individuales con las personas del equipo cuando es necesario y de convertir los conflictos y desacuerdos en puntos de vista y perspectivas diferentes, pero constructivas y complementarias en lugar de destructivas.

El líder de Hollywood

—Todo esto me hace pensar en algo que un amigo llama *el liderazgo tipo Hollywood* —dijo Juan, en respuesta a los comentarios de Johnny.

—¿A qué te refieres con eso? —preguntó Natalia, un poco extrañada y confundida por el concepto.

—Lo que quiero decir es que el liderazgo real no es el mismo que nos muestran y venden en Hollywood a través de la pantalla —explicó—. Si pensamos en las películas, generalmente presentan al líder como un ser todopoderoso que inspira con un discurso impecable y elocuente. Además, vemos a empleados inspirados y motivados que lo celebran con aplausos, puños en el aire y gritos de reconocimiento. Pero eso no es lo que ocurre en la vida real. ¿O sí?

—Ya. ¿Sabes qué es lo que pasa? Que Hollywood, Netflix, YouTube e Instagram, entre otros, no son la vida real...

Conclusiones parciales

Dado que era un fiel creyente del llamado *principio de la recencia,* que indica que la persona promedio recuerda lo primero y lo último que escucha, justo antes de la siguiente pausa del taller Hendo mostró una diapositiva y aprovechó para reforzar uno de los principales puntos de aprendizaje. En ella se leía el siguiente mensaje:

> Todo líder (incluso los mejores) tiene detractores. El precio del liderazgo es la crítica. Es un hecho que todo líder debe aceptar, abrazar y saber gestionar. ¿Cómo hacerlo? Con la madurez suficiente para lidiar con los conflictos y desacuerdos sin socavar el respeto y la confianza necesarios para seguir trabajando y aprendiendo en equipo.

Boom (pausa)

Como animales recién liberados tras meses y meses de cautiverio, todos saltaron de sus asientos y salieron pitando en cuanto Hendo anunció los siguientes quince minutos de pausa.

Hendo, por su parte, seguía preocupado por la situación con Carlos. Durante los últimos minutos, se había sumergido nuevamente en sus pensamientos y aún se veía nervioso, alterado y retraído. Esto no era una buena señal, especialmente porque su distracción y nerviosismo afectaban a algunas de las personas más sugestionables del grupo.

«Y ahora a ver qué me dice este hombre...», se dijo a sí mismo tras resoplar, antes de dirigirse a él una vez más con pies de plomo e iniciar el tercer asalto de la conversación.

—¿Carlos? Disculpa... ¿Me escuchas? ¡Oye, Carlos! ¿Me escuchas? —alcanzó a repetir varias veces antes de que su interlocutor levantara la mirada y le prestara un mínimo de atención.

—Sí. Dime —respondió, de la forma más parca, sobria y fría posible.

—Carlos, me gustaría saber si hay algo que pueda hacer para que nos entendamos o para ayudarte. ¿Qué pasa? ¿Está todo bien? Es que te veo muy desconectado...

—¿Me preguntas si está todo bien, Hendo? —exclamó con un poco de sarcasmo y una sonrisa forzada y mentirosa que estaba en el límite de la apatía y la amenaza—. ¿Tú cómo lo ves? ¿Qué opinas, Hendo? Si ya hemos hablado, ¿por qué no me dejas tranquilo?

Viendo que la conversación no sería fácil, Hendo cambió de plan y retrocedió un poco con un amigable:

—Sólo quiero que sepas que estoy para ayudarte si me necesitas. ¡Eso es todo!

Los dos se miraron durante una breve pausa que pareció una eternidad. La única respuesta fue la de la mirada fría, distante e inexpresiva de Carlos que Hendo no supo ni pudo interpretar, llevándolo a evaluar si debía, simplemente, tirar la toalla.

—¿No lo ves? —exclamó Carlos de repente, exaltado—. ¿Tú crees que yo soy un líder que necesita estar aquí? —Silencio—.

¡Yo soy un mandado! ¡Nada más que eso! Un mero ejecutor de tareas. ¡Un peón! A mí no me pagan para pensar, liderar, desarrollar personas; ¡me pagan para hacer lo que me dicen! No sé cómo decírtelo en términos más sencillos y claros que ésos. Así que, dime tú, Hendo, ¿qué es lo que puede sacar una persona como yo de todo lo que estás enseñando el día de hoy?

La actitud desafiante y derrotista de Carlos tomó a Hendo por sorpresa una vez más, casi hasta el punto de mosquearlo. Hendo empezó a dudar si sus intenciones eran buenas o malas, impidiéndole encontrar una solución. ¿Y ahora cuál era el próximo paso?

Terapia intensiva

No podía tirar la toalla ahora.

Hendo empezaba a tomárselo como un reto personal: quería y debía ayudar a Carlos a combatir esa actitud victimista y derrotista que lo mantenía en ese estado de cautiverio emocional y psicológico. Dejó pasar unos segundos sin insistir. Simplemente clavó la mirada en Carlos y lo observó, haciendo un gran esfuerzo por leer su lenguaje corporal: estaba encogido de hombros, haciéndose pequeño; tamborileaba los dedos de una mano sobre la mesa y uno de los pies sobre el suelo; se mordía el labio, y miraba directamente hacia el vacío, evitando todo tipo de contacto visual.

«Está agobiado, frustrado, nervioso. Sin duda. Pero también avergonzado», concluyó.

—Estoy seguro de que no eres la única persona en el mundo que se siente así, ¿sabes? —pronunció Hendo, extendiendo el brazo y tocándole el hombro para tratar de captar su atención—. Lo único que cambia es que tú muestras bastante abiertamente lo que te pasa. Por tanto, se nota fácilmente lo que estás viviendo... —Luego preguntó—: ¿Puedo contarte algo?

Serio, incómodo y tenso, Carlos lo miró de reojo y asintió con sólo una pizca de curiosidad, minimizando al máximo su respuesta.

—Yo también estoy pasando por un período muy difícil desde un punto de vista personal. He tenido muchos momentos en los que, simplemente, quiero darme por vencido...

«¿Qué? No me jodas..., no me digas mentiras, hombre», pensó Carlos sin decirlo.

Hendo sonrió con ironía sin terminar de entender por qué le había dicho eso:

—Sí, te lo digo en serio. ¡Hay días que quiero mandarlo todo al carajo!

—¿Por qué?

Hendo terminó de sincerarse:

—Dejaré los detalles y la parte triste y emotiva para más adelante. Por ahora, te diré por qué no lo he hecho, por qué no he tirado la toalla, por qué aguanto. De hecho, es muy simple. ¡Lo hago por mí! ¡Y por mi familia! Lo asumí como un reto, como un desafío de desarrollo y crecimiento personal. Llegué a un momento de mi vida en el que me prometí tratar de ser feliz, porque si seguía así, seguramente iba a terminar en depresión. Y lo que verdaderamente me sirvió fue hacerme una pregunta: ¿qué estoy dispuesto a hacer para cambiar y mejorar como persona y profesional? Una vez pensé en eso, empecé a ver el camino más claramente, Carlos. No te estoy diciendo que esto es exactamente lo que tienes que hacer tú, ni las preguntas que tienes que hacerte. Lo que te quiero decir es que todos somos humanos y todos pasamos por dificultades en un momento u otro de nuestras vidas. Y he aprendido, a través de mi propia experiencia y la de otras personas que han compartido sus historias conmigo, que lo que marca la diferencia es cómo caminamos por el fuego, cómo nos gestionamos en esos momentos y lo que aprendemos de ellos... ¿Sabes algo? En cada momento, en cada instante de nuestras vidas siempre tenemos dos opciones: dar un paso atrás y retroceder hacia nuestra zona de confort, o dar un paso adelante y avanzar hacia nuestra evolución y crecimiento personal.

—Como el águila... —musitó Carlos con dificultad.

—¿Perdona? —preguntó Hendo tras levantar las cejas, un poco confundido, evitando pronunciar lo que verdaderamente tenía en mente: «¿Estás bien, amigo?».

—Sí, sí, me imagino que conocerás la historia del águila, ¿verdad? ¿Aquella sobre la transformación? ¡Lo vi en alguna parte hace poco! Todo el mundo habla de ello.

—No estoy tan seguro de saber a qué te refieres...

—Mira, ¡te lo explico! Lo que recuerdo es que las águilas, no sé exactamente qué especie, viven unos setenta u ochenta años, aproximadamente. Pero a los cuarenta años pasan por un período extremadamente difícil, ya que sus uñas se vuelven tan largas y débiles que no pueden cazar, y mucho menos sujetar a las presas ni comer. Su pico se alarga y se curva demasiado, y, por lo tanto, no lo pueden utilizar. Y sus alas se llenan de plumas, haciéndose demasiado pesadas para volar. En ese momento sólo tienen dos alternativas: dejarse morir o enfrentarse a un doloroso proceso de renovación para crecer, cambiar y evolucionar. El proceso por lo general consiste en volar a un nido en las montañas y aislarse por unos meses. En ese tiempo, el águila golpea su pico en la pared hasta arrancárselo. Después, tiene que esperar el crecimiento de un nuevo pico, con el que se desprende una a una de sus viejas uñas. Cuando las nuevas garras comienzan a nacer, el animal empieza a desgarrarse sus desgastadas plumas. Y después de todos esos meses, finalmente culmina su renovación y el águila es capaz de vivir otros treinta o cuarenta años más...

—¡Eso es, amigo! ¡Me encanta, finalmente nos empezamos a entender! ¡Piénsalo! Todos pasamos por este proceso durante nuestra vida. ¿Qué opción eliges tú? ¿Quieres ser el águila que vive treinta años? ¿O la que vive setenta? —planteó Hendo, haciendo una pausa para dejar que la información calara antes de continuar—. Seguramente te estarás preguntando: ¿cómo se aplica todo esto en tu día a día como líder en tu empresa? Trataré de ser lo más claro que pueda. Escucha bien: no hay mayor impedimento para mantener buenas relaciones con los demás (y liderar un equipo) que estar incómodo consigo mismo. Si una persona no está en paz consigo misma, estará en guerra con todos los demás. Por lo tanto, piensa en gestionar tus propios demonios, porque de lo contrario contagiarás a los demás a tu alrededor, a tu equipo. Y luego, todo será más difícil. Dicho de otra forma, busca y encuentra qué te motiva y te inspira a ti, porque si no puedes motivarte e inspirarte a ti mismo, serás incapaz de hacerlo con los demás. ¡Si no eres capaz de liderarte a ti mismo y de entender tus propias respuestas, serás incapaz de liderar a los demás!

A pesar de sentirse inspirado por sus mensajes, Hendo no pudo evitar sentirse frustrado, ya que Carlos no terminaba de entender lo que estaba escuchando:

—Y entonces, ¿qué me estás sugiriendo exactamente? ¿Cuál es el próximo paso? ¿Por dónde puedo empezar?

Hendo pensó en la mejor respuesta posible para ayudarlo mientras contenía un pensamiento de frustración: «¡Por Dios! ¿Cómo es posible que sigamos sin entendernos?».

—Recuerda que todo lo que piensas determina y define la calidad de lo que pasa en tu mente. Y tu alma siempre adquiere el color de tus pensamientos. Si son negros, grises y oscuros, te sentirás perdido. En cambio, si son claros, iluminarán el camino a seguir. Ataca el mal que hay dentro de ti, en vez de atacar el mal que hay en los demás y en tu entorno —reflexionó Hendo, procurando no complicar más las cosas ni confundir a Carlos. Luego agregó—: Lo que intento decir es que podrías probar a ser un poco más positivo, Carlos. Al menos un poco. Irradias negativismo por todas partes. ¿Entiendes lo que quiero decir? ¿Al menos eso está claro?

Opuestamente a lo que esperaba, la conversación había chocado contra un muro de tensión y nerviosismo tan abrumador que unos segundos parecieron horas, hasta que Hendo intervino nuevamente para tratar de desenredar la situación:

—Cuando estamos en apuros, todos pensamos en cambiar el mundo, pero pocos pensamos en cambiarnos a nosotros mismos. ¡Ahí radica la clave para mejorar y crecer! Todo comienza desde dentro; todo comienza contigo.

Aunque Carlos escuchaba, parecía estar en un estado de congelación, lo cual desconcertaba a Hendo, ya que no lograba entender si estaba reflexionando sobre los temas de la conversación o si seguía atormentado por sus propios problemas. Pero no todo era malo, a los ojos de Hendo, Carlos se veía un poco más tranquilo y menos agitado que antes.

—Puede que creas que todo esto que estoy diciendo es una tontería o que es poco práctico, pero es el mejor consejo que puedo darte en este momento. Las cosas no cambiarán de la noche a la mañana, pero te aseguro que te servirán estas ideas si las tomas como principios. Reconozco que encontrar el camino y las respuestas a la vida dentro de uno mismo es difícil, pero es imposible encontrarlos en otro lugar. ¿Me entiendes? Así que, repito, comienza por ahí. Ése es siempre el primer paso.

—¿Y cuál es el segundo? —preguntó finalmente Carlos, pillando por sorpresa a Hendo.

Ambos rieron.

—Por un momento pensé que te había perdido nuevamente. Es muy simple. Al hilo de lo que te acabo de comentar, el segundo consejo es que pienses en los impactos, riesgos e implicaciones de no seguir el primer consejo.

—¿O sea? —preguntó Carlos frunciendo el ceño.

—Lo que quiero decir es que las preocupaciones generan estrés innecesario. ¡Y eso lo puedes evitar! Mi padre solía decirme dos cosas. La primera, que preocuparse es como pagar una deuda que no tienes...

—Ya. ¿Y la segunda? —intervino Carlos.

—Me decía que si algo se puede arreglar, ya llegará la solución. Y si no se puede arreglar o solucionar, entonces no tiene sentido preocuparse. —Hendo hizo una pausa para tratar de leer lo que Carlos no estaba diciendo. Lo notaba un poco más tranquilo. Eso era bueno—. ¿Te está ayudando en algo la conversación, Carlos?

—Bueno, sí, me estás haciendo pensar... —respondió Carlos con algo de duda—, y no sé si eso es bueno o es malo...

—Ni yo. Sólo dale un poco de tiempo...

—¡Es el mismo consejo que me da mi esposa!

Las manecillas del reloj seguían avanzando, y Hendo sabía que no tenía todo el tiempo del mundo para ayudarlo. Además, las otras personas empezaban a volver del descanso. ¡Era hora de seguir avanzando con la agenda del día!

—Perdona, Hendo. Pero tengo que salir un momento... ¡necesito un poco de aire!

Ausentes

Hendo observó que la mayoría de las personas habían regresado después del descanso, con la excepción de dos. Se colocó a un lado de la pantalla donde proyectaba una diapositiva, y repasó para reforzar algunos de los mensajes y conclusiones principales lanzados hasta el momento.

—¿Alguien tiene alguna pregunta, duda o inquietud antes de continuar? —preguntó al grupo con curiosidad.

Unos prolongados segundos de silencio llenaron la sala, que se vieron interrumpidos por la apertura de la puerta, dando paso a los dos rezagados: Carlos y Hannah, quienes se apresuraban a ocupar sus sitios.

Johnny, fiel a su estilo, imaginó lo peor: «¿Y estos dos? Seguro que estaban haciendo algo sospechoso...».

Una vez acomodados, Hannah hizo una señal con la mano a Hendo para tratar de explicar con mímica el motivo de su ausencia, lo que causó cierta confusión. Luego, se corrigió a sí misma y musitó muy lentamente, vocalizando lo más que podía para transmitir lo que no había podido expresar a través de su inusual gesto:

—¡To-do-bien! Te-cuen-to-lue-go...

Con los ojos abiertos como platos debido al desconcertante mensaje que venía desde el fondo de la sala, Hendo redirigió la discusión para retomar con el siguiente punto del taller:

—Si tuvieseis que liderar siguiendo una sola regla o principio durante el resto de vuestra vida, ¿cuál sería?

—Espera un momento, Hendo. No estoy seguro de entender la pregunta. ¿Podrías repetirla, por favor? —preguntó Johnny, frunciendo el ceño mientras buscaba claridad y trataba de meterse nuevamente en la discusión.

—Te formularé la pregunta de otra manera para que sea más fácil: imagina que tuvieras que darle un consejo, sólo uno, a alguien que tiene que empezar a liderar un equipo a partir de mañana. ¿Cuál sería el mejor que le darías?

—¿Sólo uno?

—Así es. Uno solo...

Viendo que al grupo le costaba arrancar la discusión, Hendo decidió darles unos minutos para que pudieran conversarlo con sus compañeros en las mesas. Luego aprovecharía para resumir algunas ideas comunes y profundizar en lo que él llamaba *la segunda regla de oro del liderazgo*.

8

Regla 2: liderar a las personas como personas, no como recursos

Discusión

Un solo grito, que sorprendió a todos los presentes, marcó el fin del tiempo para la reflexión. No obstante, muchos continuaron sin prestar atención a Hendo, quien desde el frente de la sala hacía señas con los brazos para tratar de reanudar la conversación y poner algunas ideas en común que le permitieran profundizar en el segundo punto de la agenda del día.

Después de solicitar un par de opiniones a algunos integrantes de cada mesa, Hendo preguntó:

—¿Podrías profundizar más en el punto que acabas de mencionar, Hannah?

—Por supuesto —respondió ella mientras se acomodaba en su silla. Después de organizar sus ideas y encontrar las palabras adecuadas para expresarse, continuó—: Mis experiencias laborales y personales, tanto positivas como negativas, me han enseñado que la vida es un ciclo continuo de acciones y consecuencias...

—¿De qué está hablando exactamente esta mujer? Dios, ¡no me entero de nada! —susurró Johnny con confusión a su compañero de mesa, interrumpiendo la conversación—. Hannah, no estoy seguro de seguirte. ¿Por casualidad, estás hablando del karma?

Hannah no pudo evitar afirmar:

—Sí, sí, sí, no sé por qué me complico la vida al hablar. Lo comento porque hace unos meses asistí a una conferencia realmente interesante sobre liderazgo y gestión de equipos. El ponente era el CEO de una empresa importante en el sector tecnológico, aunque en este momento no recuerdo su nombre, pero es una figura bastante reconocida y mediática.

—¿Y qué fue lo que dijo? —preguntó Johnny, visiblemente intrigado.

Hannah lo miró fijamente desde su mesa, esta vez un poco irritada, y prosiguió:

—Al final de su discurso, destacó que la inteligencia, el talento y la energía son sólo la puerta de entrada al mundo corporativo. Según su experiencia, ser bueno e inteligente no basta; la verdadera clave del éxito radica en lo que él denominaba su mantra de liderazgo principal: liderar a los demás tratándolos de la misma manera en que te gustaría ser tratado a ti mismo. Es decir, ¡tratar a todos con respeto y educación!

Aunque todos tenían la mirada puesta en Hannah, Hendo aprovechaba para capturar la idea en el *flipchart*. Sus notas rezaban:

LIDERA Y TRATA A LOS DEMÁS CON RESPETO Y EDUCACIÓN

Luego preguntó al grupo para medir el pulso y ver su reacción acerca de esta regla:

—¿Y bien? ¿Qué opináis?

Sofía fue la primera en intervenir al respecto:

—Creo que suena bien en teoría, pero en la práctica no siempre es tan sencillo. Es un buen principio. Desde mi perspectiva, siempre deberíamos tratar a las personas como seres humanos, no como simples recursos o elementos en un organigrama. Sin embargo, a veces hay barreras que nos impiden actuar de esa manera...

—¿Qué creéis que nos frena a seguir este principio con más frecuencia? ¿Por qué cuesta ponerlo en práctica? —intervino Hendo.

—Bueno, no estoy segura... —respondió Sofía, bajando muy lentamente la mano que tenía levantada desde hacía un rato—. Pensaría que es porque hay momentos del día en los cuales nos gana la presión, la exigencia, las emociones y los sentimientos. ¡Y en esos momentos nos falta educación y nos cuesta responsabilizarnos de nuestras propias acciones y dar un buen ejemplo!

—No sé si lo veo de la misma forma... —murmuró Carlos impacientemente desde su silla, mostrándose más inquieto de lo habitual.

—Y además creo que también podemos llevar ese principio más allá —continuó Sofía, desatendiendo al comentario de Carlos—. Me refiero a que puede ser aún más potente si tratamos de adaptar nuestro estilo de comunicar, de liderar y de trabajar a los demás. ¿Por qué? Porque puede ayudar a empatizar y conectar mejor con las demás personas de un equipo.

Al ver que Sofía había terminado de comentar sus ideas, Hendo intervino y aprovechó el impulso generado para darle la siguiente vuelta de tuerca a la discusión del momento:

—¡Creo que lo que se está diciendo es fantástico! Me parece que nadie habría podido decirlo y explicarlo mejor. Además, creo que se les puede sacar aún más riqueza y valor a los temas que estamos comentando, por lo cual haré un par de preguntas más...

—¡Espera! ¡Espera! —expresó Carlos, volviendo a la carga—: ¿Tratar a todos de tú a tú? ¡Suena a algo que diría mi psicólogo! ¡Suena muy *soft*! En mi opinión, el liderazgo no debe ser blando...

Sorprendido, el grupo entero miró a Carlos y pensó: «Y ahora, ¿qué no le ha gustado?». Luego miraron a Hendo, quien no pudo evitar sonreír y plantearse: «Vaya, ¡no tienes remedio, amigo! ¿O me equivoco?».

Experiencias pasadas

Sintiéndose presionado y un poco incómodo por todas las miradas que se clavaban sobre él, Carlos trató de corregirse y se sinceró con el grupo antes de recibir un contraataque:

—¿Alguien aquí en la sala por casualidad ha tenido trabajos y jefes desagradables en el pasado?

—¿Perdón? —preguntó Hendo—, ¿es una pregunta para el grupo...?

—Sí, sí, me habéis escuchado bien —respondió sin titubear, aclarándose la garganta antes de continuar—: En mi caso, trabajé durante un tiempo en una pequeña fábrica de ladrillos en mi pueblo, una zona rural a más o menos tres horas de aquí. Había un solo jefe que lo controlaba todo: el dueño. ¡Y todos teníamos que responderle a él! Estuve ahí como un año y medio. Era transportista, y después de recibir los pedidos, tenía que distribuir el producto a los clientes: pequeños negocios de la zona, o incluso familias de los pueblos aledaños. No sé cómo me tuvieron de empleado ahí tanto tiempo... porque conducía fatal. El camión estaba hecho pedazos.

Los demás rieron ante la inesperada broma de su compañero.

—El lado positivo es que esa muy mala experiencia laboral nos enseñó a todos los que trabajábamos allí lo que significa ser un mal jefe... —dijo Carlos—. Bueno, ¡al menos a mí!

Hendo intervino con delicadeza:

—¿Por qué lo dices? ¿Qué aspectos destacarías de lo que tú consideras ser un mal jefe?

—No estoy seguro —respondió Carlos con la mirada perdida, como si estuviera luchando contra un recuerdo desagradable—. En general, la experiencia fue negativa. Nada funcionaba bien en ese lugar. Todo era anticuado y estaba en mal estado. Por ejemplo, cuando llovía, algo común en la región, todo se empapaba y embarraba. Era inevitable mojarse y ensuciarse. Era como si el clima exterior se filtrara adentro...

—Diablos, lo siento por ti, eso suena bastante mal. ¿Cuántas personas trabajaban allí en total? ¿Y cómo era el jefe? —preguntó Johnny, tratando de aguantar su entusiasmo sarcástico que insinuaba «¡Dios, este hombre por fin dice algo interesante!».

Carlos sonrió tímidamente y continuó recordando su experiencia laboral pasada:

—Éramos apenas unos diez en total. Y, como decía, todos rendíamos cuentas al mismo jefe: el dueño. Era realmente deprimente. Y en cuanto al salario, ni siquiera vale la pena mencionarlo. Era una miseria. Yo sólo estaba allí por necesidad, para pagar mis estudios universitarios. Trabajaba durante el día y estudiaba por las noches. De todo ese grupo, yo era el único que tenía aspiraciones más altas. Y ahora, aquí me veis, un completo desastre.

Hendo escuchaba con atención las palabras de Carlos, dándose cuenta de que su pasado laboral arrojaba luz sobre su actitud actual hacia el trabajo y sus superiores.

—Parecíamos delincuentes por cómo vestíamos en ese entonces —comentó Carlos con tono nostálgico, burlón e irónico—. ¡Dábamos miedo! Pero el dueño iba siempre de traje: ¡uno nuevo todos los días! Además, fumaba cigarros cubanos. De los buenos. De marca. De los que cuestan mucho dinero. Mientras nosotros nos remangábamos, nos ensuciábamos y pasábamos hambre, frío y calor, él estaba en su despacho, con aire acondicionado o calefacción, haciendo llamadas y contando a mano el dinero que entraba y que salía...

—¡Como un mafioso! —dijo Johnny sonriendo, para luego contraatacar con una pregunta que contenía una pizca de crítica—: ¿Y no es eso lo que debe hacer el dueño o responsable de un negocio?

Hendo estuvo a punto de intervenir antes de que Carlos respondiera; no obstante, éste se le adelantó:

—Sí, es correcto. ¡Alguien tiene que hacerlo! En eso estamos de acuerdo. Pero los cómos y las formas cuentan: pueden ser destructivas o constructivas.

El grupo asintió.

—¿A qué te refieres cuando hablas de los cómos y las formas? —preguntó Hendo para profundizar aún más y rascar en la superficie—. ¿Qué hace que un estilo de liderazgo sea destructivo o constructivo?

—Bueno... —aseguró Carlos—, el personaje del que estoy hablando era muy frío y distante. Y, lo que era peor, parecía que no le importaba absolutamente nada de lo que decían u opinaban las personas. No le interesaba lo más mínimo escuchar a los demás. Y aún menos cómo se sentían mientras hacían el trabajo. Como consecuencia de esto, había muchísima rotación entre los empleados. Nadie duraba mucho tiempo allí. Era como una vieja estación de tren que veía gente pasajera todos los días.

Un nuevo mensaje

La discusión, y las manecillas del reloj, avanzaban más rápido que nunca. Dándose cuenta de esto, Hendo aprovechó para reforzar el segundo gran mensaje de la jornada y aclaró que para poner en práctica la segunda regla de oro del liderazgo es suficiente seguir tres pasos sencillos:

El primero: hacer una lista que incluya todas las cosas que nos ha hecho o dicho un líder (o un compañero de trabajo) y que hemos apreciado. Por ejemplo, el tipo de cosas que generalmente nos hacen pensar: «Madre mía, gracias, ¡de verdad lo aprecio!». Esta primera lista debería incluir entre cinco y diez elementos. El propósito de que la lista tenga esta extensión es que obligue a pensar en esas situaciones seriamente, sin llegar a generar demasiado agobio y que éste cause que no se haga.

El segundo: hacer exactamente lo contrario. Después de realizar la primera lista se debe reflexionar y enumerar las cosas que otros líderes, o personas, nos hayan dicho, o hecho, y que no nos hayan gustado en absoluto. Hablamos de aquellas cosas que típicamente nos sacan de quicio, que nos llevan a perder los estribos y la paciencia. Por el mismo motivo anteriormente explicado, la lista debería incluir entre cinco y diez ítems.

Y luego, el tercer paso: una vez que estén definidas las dos listas, hay que volver a la primera para tratar de aplicarla siempre que se trabaje con otras personas de nuestro equipo. Asimismo, es útil revisar periódicamente la segunda y usarla como recordatorio del tipo de acciones que nunca se deben poner en práctica al interactuar con los demás.

Duda

—Disculpa, Hendo —intervino Johnny—, no quiero ser el aguafiestas ni sonar pesimista, pero todo esto parece demasiado bonito y sencillo como para que sea cierto. ¿De verdad crees que puede funcionar en la realidad?

Hendo reconoció la preocupación de Johnny, la cual consideraba legítima. Si una persona como él tenía dudas, seguramente otros también las tendrían. Reflexionó un momento y luego respondió:

—Entiendo tus preocupaciones y agradezco que plantees estas preguntas. Puedo decirte que, según las investigaciones que he realizado, entre siete y ocho de cada diez líderes reportan resultados positivos tras aplicar estas ideas y otras similares. Te animo a que les des una oportunidad y veas si te resultan útiles. Si es así, puedes seguir aplicándolas. En caso contrario, siempre puedes buscar otras herramientas que se adapten mejor a tus preferencias y estilo. Además, he recibido un *feedback* muy positivo sobre muchas de estas ideas. ¿Te gustaría que te muestre un ejemplo?

Hendo proyectó una diapositiva con un comentario en el que se leía:

> «Nunca antes había considerado mi papel como líder de una manera tan pragmática y sencilla. Nos enaltecemos con ideas, conceptos, mejores prácticas y teorías pomposas, sólo porque están de moda, o porque los expertos las respaldan, o porque se enseñan en las mejores escuelas de negocios, o simplemente porque así lo dicta la cultura organizacional actual. Pero tenemos la obligación de volver a lo básico. ¡Ahí radica la clave para conectar con las personas a nuestro alrededor! ¡Sólo entonces podremos liderarlas!». Esteban Trabajos, CEO, Melocotech

Advirtiendo que no todos estaban completamente convencidos, Hendo inquirió:

—¿Bien? ¿Qué opináis? ¿Y tú, Johnny?

—Puede que le dé una oportunidad a la idea que sugieres,

Hendo. Al fin y al cabo, es algo sencillo que no requerirá muchísimo esfuerzo por mi parte... —exclamó levantando ligeramente los hombros.

—Eso es, ¡pruébalo! —respondió Hendo sin vacilar, para luego dirigirse al grupo—. ¡No tenéis nada que perder! Si aplicáis una idea pequeña, nueva y distinta cada día, comenzaréis a fabricar una versión diferente de vosotros como líderes y mejoraréis, recorreréis más rápidamente la curva de aprendizaje que permite evolucionar paso a paso. La suma de todas esas pequeñas ideas y acciones llevará a ganancias marginales a lo largo del tiempo que marcarán la diferencia.

Hendo hizo una pausa intencionada para dejar que el último mensaje calara en la mente del grupo que lo observaba desde sus asientos. A pesar de la ausencia de palabras, en ese momento a Hendo le complació sentir que estaban todos conectados; todos pensaban exactamente en lo mismo: «¿Qué pasaría si el día de mañana pudiera ser un uno por ciento mejor como líder para mi equipo? ¿Cómo puedo utilizar estas ideas? ¿Cuándo?».

—La idea de asumir un liderazgo práctico, sencillo, asentado, honesto, auténtico y humilde, centrado en resultados y personas, es clave —exclamó Hendo, jugándose una de las últimas cartas que tenía para vender la idea del momento—. ¿Por qué lo digo? Por una razón sencilla: los demás, ya sean reportes directos o no, sólo seguirán al líder si prevén algún beneficio o rendimiento futuro. ¡Es así! ¡Todos buscamos un retorno sobre la expectativa o la inversión (estoy hablando de inversiones en tiempo, dinero, esfuerzo, energía, etc.)! ¡Todos esperamos o queremos algo a cambio! ¡Siempre! Es muy difícil encontrar personas en el mundo empresarial que hagan las cosas desinteresadamente. A nivel humano, y a título individual, siempre hay necesidades sociales que satisfacer. Y se les puede dar respuesta tratando a los demás como personas, como pares e iguales. Al fin y al cabo, todo esto sigue una de las leyes naturales de la vida...

«¿Y cuál es exactamente?», pensó Hannah sin decirlo...

Hendo paró un momento y anotó unas palabras en el *flipchart*. Decían lo siguiente:

HOY POR TI. MAÑANA POR MÍ

Luego añadió:

—Ojo por ojo, diente por diente, vida por vida. Eso es lo que dice la ley de Talión.

Mientras hablaba, Hendo se preguntaba si los demás entendían el verdadero valor de sus palabras. Y, tras unos segundos en los cuales reforzó sus mensajes finales, decidió darle una buena noticia al grupo: ¡era hora de una nueva pausa!

Tomar aire

Mientras la mayoría de los participantes se levantaba de sus asientos para tomar un poco de aire, Hannah se acercó sigilosamente a Hendo, quien estaba revisando algunos apuntes en el frente de la sala, y sacó a colación un tema que había estado en su mente desde hacía unos minutos.

—En la pausa anterior hablé con Carlos... —comenzó Hannah.

—¡Ah, ya veo! —exclamó Hendo, con una sonrisa algo forzada que evidenciaba su desinterés por el tema—. Lo siento por ti...

Hannah continuó hablando en voz muy baja para evitar que la escucharan las personas que seguían merodeando por la sala:

—Me dijo que habías hablado con él y que, al principio, le había parecido un poco extraña la conversación, sobre todo porque nunca nadie solía interesarse por él, y mucho menos por este tipo de cosas.

Esta vez, Hendo dejó la ironía de lado y centró su atención en lo que estaba escuchando.

—¿Y te dijo algo más?

—Sí, me dijo algo más: que le habías ayudado a pensar y aclarar algunas ideas. ¡Y que se había sentido escuchado! ¡Que, por primera vez en mucho tiempo, había sentido que lo que decía realmente importaba!

Hendo sonrió, dejándose embargar por la emoción; le costaba controlar la felicidad:

—Gracias por hacérmelo saber. No sabía si la conversación había funcionado o no. Carlos es una gran incógnita para mí, así que esa conversación fue una apuesta total.

9

Regla 3: encender la luz

¿COMUNICAR?

Decidido a continuar con el siguiente punto en la agenda del día, después de una merecida pausa, el facilitador le dio la bienvenida al grupo con una sonrisa y comenzó a hablar con entusiasmo y energía:

—Vamos a abrir un nuevo capítulo. Para ello, quiero proporcionar un poco de contexto que arrojará algo de luz sobre el tema y nos permitirá avanzar hacia nuestro objetivo. ¿Alguien recuerda cuál era el siguiente punto en la agenda?

El grupo aún no terminaba de incorporarse por completo tras el último receso, por lo cual la pregunta de Hendo se encontró con un gigante muro afónico y miradas perdidas en el infinito. Decidió prolongar deliberadamente el mutismo en la habitación hasta que se encontró con la mirada de Johnny. Ambos soltaron una risa.

—No lo digas, Johnny —bromeó Hendo—. ¡Sé lo que estás pensando!

—Pero yo no he dicho nada —respondió Johnny con los ojos abiertos como platos.

—¡El siguiente punto en la agenda no es la comida! —exclamó Hendo con una amplia sonrisa—. Antes de eso, hablaremos sobre la importancia de la comunicación con nuestro equipo.

Natalia, sintiendo curiosidad y necesidad de más detalles, preguntó:

—¿A qué te refieres exactamente? ¿En qué contexto, Hendo?

Hendo se esforzó por ser más específico y responder las dudas en la sala, para lo que explicó que en la siguiente hora, antes de salir a la comida, la idea era trabajar un concepto llamado *strategic line of sight* ('línea de visión estratégica'), que permite conectar las tareas del día a día con la visión, objetivos, metas y propósito empresarial a través de la comunicación.

—Cuando trasladáis mensajes a vuestros equipos, ¿qué funciona? ¿Qué no funciona? —preguntó Hendo al grupo para involucrarlo en la conversación y evitar que se quedara dormido—. ¿Cuáles diríais que son las mejores y peores prácticas?

Hendo mantuvo el silencio por unos segundos para que alguien se animase a romperlo con alguna respuesta o comentario. Sólo entonces, Natalia alzó los hombros y dijo algo entre dientes, lo que hizo que todos los demás clavaran la mirada en ella:

—Comunicar es difícil. Hay que tratar de ser claros al comunicar. Es una de esas cosas que suena fácil, ¡pero no lo es!

Tras el comentario inicial, otros reunieron el coraje y el valor para pronunciarse al respecto y compartir sus ideas. La mayoría coincidía en dos puntos: primero, que comunicar de manera efectiva es clave, pero es toda una hazaña, y segundo, que la falta de tiempo es la principal barrera para comunicar de forma exhaustiva y efectiva.

—¿Y qué significa exactamente la comunicación exhaustiva y efectiva? —inquirió una de las personas que participaba en la discusión.

Hendo no pudo contenerse, así que terminó de apuntar algunos de los mensajes y palabras clave en el *flipchart* e intervino:

—Creo que algunas de las ideas que habéis comentado sirven para empezar a responder esa pregunta. De acuerdo con lo que estamos diciendo, la comunicación debe inspirar y emocionar a las personas, y también debería movilizar esfuerzos a la acción para generar resultados. Ésta es la finalidad superior que debe tener la comunicación en el ámbito empresarial y organizacional, ¿no creéis?

—A mí lo que me interesa saber es cómo podemos lograr eso que dices —espetó Hannah con un tono serio que pareció un poco tajante y punzante, sin querer sonar así.

—¡Tengo un par de ideas en mente! —respondió Hendo rascándose la barbilla, pensativo—. Empecemos con una historia...

Fábula

La historia que contó Hendo narraba las peripecias de un viajero que caminaba con ímpetu por un valle durante un día soleado, caluroso y asfixiante. En el momento en que el sol alcanzaba su posición más alta en el cielo y sus rayos golpeaban con más fuerza, el viajero optó por reposar a la sombra de un árbol para recobrar el aliento. Después de tomar un sorbo de agua y aplacar la sed que lo aturdía, levantó la mirada para reconectar con el mundo a su alrededor y observó, en el horizonte, no muy lejos de donde se encontraba, una pequeña cantera en producción. Como era de esperar, en ella trabajaban varios operarios picando piedra bajo el sol opresivo y punzante. Algo en particular le llamó la atención y provocó que siguiera contemplando la escena que se desenvolvía ante sus ojos. Tres canteros trabajaban en fila, uno al lado del otro, y, a pesar de que realizaban exactamente la misma labor (picar piedra bajo el sol), mostraban actitudes y energías diferentes.

El primero de ellos tenía una actitud muy negativa. ¿Cómo podría percibir esto el viajero que observaba y no conocía en absoluto aquel oficio? El obrero, a través de su lenguaje no verbal, mostraba su descontento mientras realizaba el trabajo: refunfuñaba, se quejaba, ponía cara de disgusto y renegaba.

Sin embargo, el segundo cantero, a escasos metros del primero, irradiaba una energía distinta. Esta persona no mostraba ni descontento ni enfado, simplemente exhibía una expresión neutral, imparcial e indiferente. Parecía un trabajador típico que cumplía con una tarea por la obligación impuesta por su superior o por el simple hecho de recibir un sueldo al final del turno.

¿Y el tercer cantero? Se diferenciaba de los dos anteriores por su expresión de alegría, felicidad, motivación, entusiasmo y compromiso. El viajero, desde el oasis de sombra y brisa en el que se encontraba, se preguntó: «¿Cómo podía estar tan inspirado y motivado realizando exactamente el mismo trabajo que los demás? ¿Cuál sería la diferencia que llevaba a estos trabajadores a abordar su labor de formas tan distintas?».

Movido por la intriga, la curiosidad y el deseo de romper con el aislamiento social impuesto por su extenso viaje, decidió acercarse a los trabajadores de la cantera. Aunque no quería interrumpirlos, se aproximó sigilosamente al primer cantero hasta estar a una distancia sensata que le permitiera hacerse escuchar y dijo:

—Buenos días, señor cantero. ¿Qué tal? ¿Qué está haciendo usted?

Sin mirarle siquiera, y sin interrumpir sus labores, el primer cantero respondió con voz tosca y fría:

—¿Acaso no lo ve? ¡Estoy picando piedra! Déjeme en paz, que tengo mucho que hacer...

Sin tomarse la reacción del hombre como algo personal, el viajero levantó los hombros y lo dejó pasar. Se dirigió ahora al segundo trabajador:

—¡Buenas! ¿Qué tal está? ¿Qué están haciendo aquí?

El segundo cantero respondió serenamente mientras recuperaba el aliento antes de dar otro martillazo a la piedra que tenía delante:

—Buenas, estamos picando piedra para construir un muro...

Sólo después de esta breve e insulsa interacción con el segundo trabajador, el viajero se acercó al tercero. Tras saludarlo con un aburrido y desalentador «buenos días» y preguntarle en qué estaba ocupado, el tercer trabajador detuvo su labor y, con atención, expresó:

—¡Buenos días, señor viajero! ¿Qué tal está? Estamos construyendo una hermosa catedral para los feligreses de la zona.

Lección

Tras terminar la historia, Hendo hizo una breve pausa y aprovechó para entablar una rápida conversación con el grupo:

—¿Qué pensáis que dice esta historia acerca de la comunicación en el trabajo? ¿Hay algo que creáis que podemos aprender de ella?

Un par de personas levantaron la mano y dieron su respuesta sin poder contenerse. Natalia era una de ellas:

—Hace ya unos cuantos años, durante una de mis primeras experiencias laborales, trabajaba en una empresa manufacturera. Básicamente, era gerente de operaciones de una pequeña planta que producía piezas de repuesto para maquinaria del sector minero y energético. ¡La parte más difícil era tratar con los operarios!

—¿Qué parte exactamente? —inquirió Hendo para captar toda la esencia de ese ejemplo.

—Pues, además de tener que asegurarme de que no metían la pata, ellos me veían como a un extraterrestre. Imagínate: una mujer joven, vestida de traje, en una fábrica colonizada por hombres que parecían cavernícolas. ¡Teníamos grandes problemas de comunicación! Era difícil entendernos y garantizar que hacían las cosas bien, con empeño, calidad y de forma segura. Costaba, porque ellos no ganaban mucho dinero, y sus otras condiciones laborales no eran las mejores. Pero había algo que nos ayudaba a todos, que me hace pensar en la historia que acabas de contar sobre los canteros. Una de las cosas que nos impulsaba y mantenía al grupo unido era la forma como trabajaba nuestro superior de la época.

—¿Qué era? —preguntó Hannah para pedir más detalles, con una expresión de expectación que le iluminaba la cara.

Natalia continuó:

—Creo que era la forma como comunicaba lo que había que hacer. Y me acuerdo de que solía decir que había dos formas de comunicar y asegurar que los demás entendieran lo que tenían que ejecutar. La primera, muy sencilla, era simplemente enfocarse en el qué: qué hay que hacer. A modo de ejemplo, si le dices al operario o trabajador: «Oye, Fulano, esto es lo que tienes que hacer. No pares hasta que termine el turno, ¿OK?».

—O sea, una instrucción u orden simple, ¿no es así? —interrumpió uno de los miembros del grupo, para verificar que estaba entendiendo bien el mensaje.

—Exacto —respondió Natalia antes de seguir—: Y, a veces, dependiendo de ciertos factores o variables, como el tiempo disponible o el nivel de experiencia del trabajador, además de enfocar la conversación en el qué, también podía explicar los cómos. Es decir, le especificaba al trabajador qué tarea debía hacer y cómo realizarla correctamente. Pero, por lo general, seguimos en lo mismo, en una mera instrucción al trabajador. Y esto me lleva al segundo punto o modo de transmitir el mensaje... —Natalia hizo una pausa y miró a Hendo antes de dirigirse a él con una pregunta que era más una afirmación que cualquier otra cosa—: Perdona, Hendo, ¿está bien si sigo? No quiero monopolizar la conversación...

—¡Para nada! ¡No te preocupes! —respondió él con una sonrisa al escuchar que esa percepción no coincidía con la suya—. ¡Es excelente lo que estás aportando! Por favor, continúa...

—Decía anteriormente que el segundo modo hace referencia a cuando no se sacrifican momentos en los que se profundiza en por qué se hace un trabajo. Más allá de simplemente dar instrucciones sobre qué hacer y cómo hacerlo, también se aclara el porqué de la tarea...

—Ya —reaccionó Hannah sin querer interrumpir la conversación—. Es lo que suelo hacer..., quiero decir, a mí me pasa todo el tiempo. En vez de enfocarme en explicar por qué se debe gestionar lo que estoy pidiendo, me ciño a lo de siempre, a lo que se hace habitualmente en esa cultura jerárquica y tirana de Newenergy: decir «porque sí», «porque lo digo yo», «porque así lo quiero y punto».

—¿Tienes un ejemplo? —preguntó Sofía con un tono de voz cauto, tratando de no exponer su ignorancia más de la cuenta.

—Sí, imagina que dices algo como: «Oye, Fulano, este equipo, del cual tú eres parte, está colaborando con otras empresas del sector para crear y construir vehículos seguros, fiables, de primer nivel para los clientes. Todos somos responsables de garantizar que aportamos nuestro granito de arena para asegurar que esto sea posible. En tu caso, si sigues estos pasos con cuidado y atención, probablemente cumpliremos de forma aún más eficiente nuestra promesa a los clientes y a la sociedad. Además, si hay algo que crees que podríamos corregir para hacer las cosas mejor, no dudes en decírnoslo. ¿Cómo lo ves? ¿Qué dudas tienes?, etc.».

Nadie dijo nada durante unos segundos. Ni siquiera Hendo: estaba demasiado ocupado escuchando y escribiendo algo en el *flipchart*.

Línea de visión estratégica

Con un gesto lento y decidido, el garabato en el *flipchart* se reveló por completo cuando Hendo finalmente dejó de escribir, se apartó y volvió a enfrentarse al grupo:

STRATEGIC LINE OF SIGHT
LÍNEA DE VISIÓN ESTRATÉGICA

Leyó las palabras que había escrito en voz alta, esforzándose por verbalizar y pronunciar cada sílaba de forma nítida para asegurarse de que todos entendieran el concepto. Luego agregó:

—Hemos escuchado de Natalia uno de los mensajes clave de la fábula anterior. En sus palabras, hay una relación positiva y directa entre cómo comunicamos el trabajo a los demás y la capacidad de ejecución. En los momentos críticos del día a día, de la semana, del mes, del trimestre, del año, no es conveniente sacrificar el porqué por los qués y los cómos. El porqué, el qué y el cómo crean un equilibrio completo de información que sienta las bases para acelerar el proceso de ejecución de resultados a nivel individual y de equipo.

Hendo se volvió hacia el *flipchart* una vez más y rápidamente dibujó un modelo que resumía el mensaje que quería transmitir.

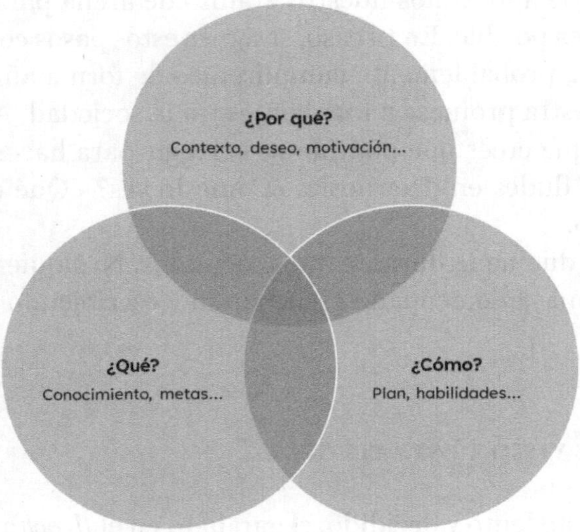

La explicación de Hendo se centró en resaltar la intersección de los tres elementos que son fundamentales para la capacidad de ejecución del equipo.

El primero de ellos es el porqué: ¿por qué es importante o necesaria esta estrategia, iniciativa, proyecto o tarea?, ¿por qué conviene realizar este trabajo? Las respuestas a estas preguntas generan visibilidad y proporcionan la comprensión necesaria del contexto, con lo que garantizan la implicación, motivación y deseo de actuar. El porqué permite entender dónde está el interruptor de la luz en la habitación oscura y muestra el mapa entero para entender el panorama. Es fundamental en la comunicación y transmisión de mensajes al equipo por una razón clave: cuando una persona no conoce o comparte el propósito de una iniciativa, es muy fácil que se distraiga con lo que sucede a su alrededor. Nietzsche lo expresó de manera insuperable: «Quien tiene un porqué para vivir, puede soportar casi cualquier cómo». Esto es igualmente aplicable en el día a día de una organización.

El segundo elemento es el qué, que incluye respuestas a preguntas como: ¿qué queremos lograr?, ¿qué hay que hacer exactamente? Estas respuestas enfocan los objetivos a alcanzar y las acciones a realizar. Como un compás, el qué ilumina la dirección a seguir, mostrando claramente el norte o punto al que hay que llegar.

Finalmente, el tercer elemento es el cómo, que invita a cuestionarnos: ¿cómo deberíamos realizar el trabajo?, ¿cómo podemos lograr los objetivos? Las respuestas a estas preguntas proporcionan un plan de acción, una hoja de ruta y las habilidades necesarias para garantizar que el trabajo se realice de manera efectiva y eficiente. El cómo, por lo general, ilumina todo el camino, paso a paso.

Dudas

Tras observar y escuchar atentamente para no perder información ni detalles, Hannah levantó la mano y, con una mezcla de curiosidad, vulnerabilidad y nerviosismo, comentó:

—Seguramente hablo en nombre de varios de los presentes al decir que no siempre hay tiempo para explicar con exactitud, con todo detalle, todos estos puntos. De hecho, habitualmente pasa lo contrario. Es decir, nunca hay tiempo suficiente para proporcionar toda esta información. Entonces, ¿cuál sería la alternativa?

El grupo no pudo contenerse tras escuchar el último comentario y la pregunta de Hannah. Asintiendo visiblemente con la cabeza de arriba abajo, parecían de acuerdo con ella.

Además, Johnny no dudó en secundar lo que ella acababa de decir:

—Diablos, ¿cómo se espera que hagamos todo esto si no hay tiempo para nada, Hendo?

Aunque era una duda legítima que seguramente todos tenían, Hendo no quería alargar la discusión mucho más de lo necesario:

—El rey de la selva elige qué batallas librar y cuáles no. Algunas veces, hay que ser selectivos. La priorización es la clave, y hay que hacerla en función de lo que es estratégico, no de lo que es urgente. Además, hay que priorizar conforme a los principios y los valores de la organización y del equipo, no según el estado de ánimo del momento (que es lo que muchas veces les pasa a los líderes). Recordemos que uno de los componentes clave del liderazgo es la capacidad de priorizar correctamente, y esto, como es natural, implica saber elegir qué hacer y qué no en cada momento al trabajar con el equipo.

»A modo de ejemplo, si vuestra casa se está incendiando, no es la mejor ocasión para tener una conversación exhaustiva. O imaginaos que vais caminando por la acera con vuestros hijos y, de repente, uno de ellos sale corriendo y cruza la calle inadvertidamente tras una pelota que se le escapa. Éstas son las situaciones que exigen mensajes rápidos, directos y al grano, en las cuales hay que decir qué hacer y qué no, qué está bien y qué no. Esto no lo pongo en duda. Pero cuando las circunstancias no requieren medidas urgentes o extremas, se puede aprovechar el tiempo para dar información y contexto, ahondando en los porqués. Es decir, lo que verdaderamente marca la diferencia es la capacidad del líder para identificar los momentos en los cuales es indispensable invertir tiempo, esfuerzo y energía en toda la ecuación: por qué, qué y cómo. Porque de lo contrario, la persona sentirá que le falta información para realizar un excelente trabajo. Y, como veíamos hace un rato, una de las principales barreras u obstáculos que impide la ejecución es la falta de contexto e información (no la motivación, como muchos erróneamente suelen pensar).

»Esto nos lleva, una vez más, a la metáfora de la persona en la habitación oscura, que nos invita a reflexionar sobre la importancia de encontrar formas de arrojar luz sobre el contexto, el panorama estratégico y los próximos pasos. O, cuando esto no es posible, por las razones que sea, deberíamos dar información para aclarar la situación o, al menos, hacer el esfuerzo por gestionar proactivamente los sentimientos de la persona para que no se sienta demasiado sola en esos momentos.

—¡Gracias! ¡Creo que lo entiendo! —fue la reacción inmediata de Hannah al escuchar la explicación de Hendo—. Tengo que racionalizar mejor estas situaciones: como dices, lo importante es el balance, ¿o no? Si lo entiendo bien, la clave está en entender los momentos críticos e importantes que requieren que enfaticemos y remarquemos los porqués, sin quedarnos cortos con los qués y los cómos.

—¿Y cómo se relaciona todo esto con los resultados de negocio? —ladró Carlos desde su lado de la mesa.

—¡Ésa es otra muy buena pregunta! ¡La relación es muy importante! ¿Hay alguien que pueda encontrar una respuesta en lo que tenemos aquí? —preguntó Hendo mientras apuntaba con una de sus manos al diagrama que había dibujado hacía unos minutos.

El mismo Carlos se respondió a sí mismo diciendo algo entre dientes que no todos escucharon:

—Pensaría que, si las personas del equipo conocen el porqué, entonces les resultará más fácil conectar todo lo que hacen con los objetivos, ¿no?

A indicación de Hendo, que se había dado cuenta de que nadie lo había escuchado, Carlos volvió a repetir:

—A lo que me refería es a que, si pensamos en el tercer cantero, él sabía cómo se conectaba su tarea (algo tan sencillo como picar piedra) con el objetivo o propósito global (construir la catedral). Los otros dos, en cambio, no tenían ese contexto estratégico: ¡no conocían el porqué!

—¿Y bien? ¿Qué opináis al respecto? —volvió a preguntar Hendo al grupo tras la última aclaración de Carlos.

Esta vez fue Natalia la que rompió el silencio para llevar la conversación un paso más allá:

—Estoy de acuerdo con esto... Es nuestra responsabilidad como líderes asegurar que logramos resultados a través del equipo. ¡De nadie más! Por lo tanto, lo mínimo es que conozcan cuáles son los resultados globales que queremos lograr.

—¡Pensemos ahora en cómo podemos hacerlo! —resaltó Hendo, en respuesta al último comentario de Natalia.

Cantidad y calidad

A través de una pregunta inesperada, Hendo sugirió una nueva alternativa para gestionar la tensión que le estaba generando la falta de tiempo y la necesidad de comunicarse mejor.

—Me imagino que conocéis el fenómeno del teléfono escacharrado o teléfono roto, ¿verdad? Este fenómeno muestra cómo la información puede cambiar y distorsionarse al pasar de una persona a otra. Precisamente esto es un mal endémico de muchas organizaciones y equipos. Pensad en lo siguiente: de media, una persona escucha la mitad de lo que le dicen, entiende la mitad de lo que escucha, está de acuerdo con la mitad de lo que entiende y recuerda la mitad de lo que acepta. ¿Qué significa esto con relación a la pérdida de información para alguien que comunica aproximadamente cuatro horas al día? Nos sugiere que la persona promedio escucha sólo dos horas de esas cuatro, entiende una hora, está de acuerdo con treinta minutos y recuerda únicamente quince. Si hacéis las cuentas, veréis que se pierde el noventa y cuatro por ciento de la información comunicada. Dicho de otra forma, sólo se retiene un seis por ciento. ¿No es una locura?

Incrédulos, lo único que pudieron hacer los participantes fue reír y mirarse unos a otros.

—¿Cómo podemos esquivar el fenómeno del teléfono roto? ¿Cómo podemos evitar que la información se distorsione y se pierda al trasladarla dentro de una organización o equipo? —continuó Hendo—. La respuesta está en la calidad y cantidad de los mensajes que comunicamos. El marco de trabajo para la comunicación estructurada (por qué, qué y cómo) pone énfasis en la calidad de la información. Pero, como habéis sugerido algunos de vosotros, no siempre hay tiempo para hacerlo. Por lo tanto, también podemos jugar con el volumen de los mensajes que comunicamos al equipo. Es decir, mensajes cortos y sencillos, transmitidos a través de distintos medios, que insistan en lo relevante de una forma periódica y sistemática. ¿Qué quiero decir con esto? Muy sencillo, si algo es importante para vosotros y el equipo, ¡hay que insistir!

Esta reflexión dejó a todos pensativos al comprender que la clave para una buena comunicación no radica sólo en lo que se dice, sino en cómo y con qué frecuencia se transmite.

Antes de la comida

Tras una mañana llena de caras nuevas, ideas, conceptos, conversaciones y discusiones, finalmente se acercaba la hora de la comida. El grupo, y también Hendo, la necesitaban. Sólo quedaba resumir los mensajes y conclusiones principales hasta el momento, los cuales Hendo proyectó para que el grupo los leyera.

1. En el mundo empresarial actual, las personas (empleados, integrantes de un equipo, etc.) a menudo se sienten como si estuvieran en una habitación oscura. En esta situación, el paso lógico para el líder es proporcionar contexto y generar confianza. Sólo así las personas encontrarán el coraje para movilizarse, paso a paso, a la acción.
2. El liderazgo no es fácil. Es un reto continuo. Los mejores líderes se forjan en tiempos de crisis. Las personas dispuestas a asumir el rol de líder deberán pagar un precio: la crítica, el desacuerdo y la gestión de conflictos constante.
3. La honestidad, la humildad y la vulnerabilidad son esenciales para establecer una relación de respeto y confianza con los integrantes del equipo. Estos atributos personales son el núcleo de una de las reglas de oro del liderazgo: trata a los demás como desearías que te trataran a ti.
4. Para desencadenar y liberar el potencial de las personas del equipo, es clave generar y verbalizar la línea de visión estratégica. ¿Cómo? Aclarando el porqué, el qué y el cómo de cualquier iniciativa, proyecto o tarea.

Comida

Hannah estaba lista para devorar el plato de comida que le habían servido; no podía con el hambre que tenía. Su estómago crujía como un monstruo voraz en su interior, impidiéndole prestar atención a la conversación de sus compañeros en la mesa.

—¿Cómo lo llevas, Hannah? ¿Qué piensas de todo esto? —le

preguntó Carlos—. ¿Hannah? ¿Hannah? ¿Me escuchas? —exclamó al ver que ella no respondía.

—Perdona, estaba perdida en mis pensamientos sobre todo lo que se ha dicho esta mañana, el trabajo y el hambre tan brutal que tengo —murmuró, con los ojos fijos en un trozo de pan, que se llevó a la boca como si fuera lo único que había comido en meses—. Tengo que decir que cada vez me gusta más. Es verdad que son bastantes cosas y que vamos sólo por la mitad, pero en eso ha sido bastante claro, ¿no crees?

—¿En qué? ¡No te sigo!

—Quiero decir que él fue bastante claro al inicio cuando dijo que no tenemos que aplicarlo todo —explicó Hannah—. Lo que hay que hacer es identificar algo que creamos que nos puede servir y tratar de ponerlo en marcha. Según entiendo yo, ¡eso es lo que marca la diferencia! Pero puede que me equivoque...

—Mi jefe no para de llamarme —se quejó Carlos con desdén—. ¡Qué pesado es! ¡No te lo imaginas!

—¡Ya! Y yo que pensaba que tenía un mal jefe. No obstante, suena mejor que el tuyo...

Rieron.

—¿Qué es lo que te molesta ahora? ¿Por qué dices que es un pesado? —preguntó Hannah, con la mirada clavada en el bocado de comida que tenía entre manos.

Carlos resopló, cerró los ojos y se esforzó por no parecer demasiado negativo.

—¿Por dónde empezar? ¡Todo está mal con mi jefe! Creo que finalmente me voy a plantear muy seriamente la idea de buscar otro trabajo...

—¿Qué dices? —intervino Hannah con los ojos abiertos como platos.

—Otro puesto mejor para mí y para mi estado mental y emocional. ¡Lo necesito! Si algo he aprendido hoy es que tengo que madurar, abrirme un poco más y hablar las cosas como un adulto en vez de lloriquear por todo como un niño. Mi posición actual no es para mí; yo no estoy hecho para asumir un rol de este tipo y responsabilizarme de otras personas, ¿sabes?

Hannah se quedó congelada. Estaba sin palabras y no sabía qué decir. Por suerte, fue el mismo Carlos quien rompió el silencio y la tensión que se había creado tras su última declaración:

—No me puedo seguir mintiendo, tengo que ser honesto conmigo mismo. Si no, ¡nadie lo será! Y necesito fumarme un cigarrillo antes de volver a la sesión. De lo contrario, me va a reventar la cabeza. ¿Tú fumas?

Un poco de aire (y humo)

Mientras Carlos trataba de encontrar un poco de calma y despejar la mente fumando un cigarrillo, Hannah pensó en hablar con Hendo, que acababa de dirigirse a la sala antes de iniciar la actividad de la tarde. No obstante, al pasar por la terraza, Johnny, Natalia, Sofía y otros participantes la llamaron e invitaron a acompañarlos, lo que hizo que cambiara sus planes.

—¿Qué tal va todo? Te vemos muy metida en la sesión, ¿no? —inquirió Johnny con un tono burlón.

—¡Eres insoportable, Johnny! —intervino Natalia con una sonrisa—, por eso no le caes bien a nadie...

Una brisa de carcajadas suaves y cómplices llenaron el espacio, fortaleciendo la conexión y entendimiento mutuo del grupo.

—¡No me hagas caso! —respondió Johnny—. Yo estoy muy a gusto con la sesión hasta el momento. Contra todo pronóstico, estoy aprendiendo, y antes de hoy pensaba que eso era imposible...

—¡Ya! —comentó Natalia, tomando las riendas de la conversación—. Tengo mucha curiosidad por ver cómo va la sesión de la tarde. Pero déjame decirte algo: mi jefe debería estar aquí; a él le serviría todo esto un montón. ¡Más que a mí, hombre!

El grupo asintió con la cabeza.

—¿Tú también tienes problemas con tu jefe? —preguntó Sofía con curiosidad.

—Mejor dejamos esta conversación para después...

¿Y EL JEFE?

Una vez que todos se reubicaron y se acomodaron en sus lugares, Hendo inauguró oficialmente la sesión de la tarde mientras recapitulaba lo discutido previamente y anticipaba lo que estaba por venir.

Siguiendo la agenda que había presentado al inicio del día, todavía quedaban dos principios esenciales por explorar: la implicación (*engagement*) y el reconocimiento.

Justo cuando Hendo se disponía a profundizar en el primer tema de la lista, lo interrumpió una pregunta inesperada de uno de los participantes del taller:

—¿No sería aún más beneficioso si nuestros jefes estuvieran presentes para escuchar esto? —preguntó Johnny, sorprendiéndose incluso a sí mismo con un inciso que sonaba a un desafío directo—. No me malinterpretes, Hendo. Creo que todo esto está muy bien, pero les sería aún más útil a mis jefes que a mí.

Hasta Carlos, que estaba completamente absorto en su móvil, alzó la vista y se sorprendió por el tono de su compañero.

—¿Qué te hace pensar eso? —exclamó Hendo, tratando de llegar al fondo del asunto y entender de dónde venía la reacción de Johnny—. ¡Cuéntame un poco más por qué estás diciendo esto, ¿quieres?

Las preguntas de Hendo sonaban sinceras. Y lo eran. Con ellas esperaba gestionar la preocupación de Johnny: verdaderamente quería comprender por qué se cuestionaba eso justo en este momento.

Al principio, Johnny no supo exactamente qué decir. Parecía como si hubieran desmantelado su capacidad de reacción con aquellas preguntas. ¿Acaso no se las esperaba? Todos le clavaron la mirada mientras pensaba cómo responder, tratando de no parecer un niño que acababa de tener una pataleta.

—Es un buen punto, no está del todo equivocado... —exclamó Carlos, acudiendo en su ayuda—. Como ya sabes, Hendo, yo tengo muchísimos problemas con mi jefe. A mí también me gustaría que él estuviera aquí...

—¡Es justo eso lo que quería decir! —intervino Johnny con

un tono más amable y sutil ante el grupo—. Es que, ahora que lo pienso, quisiera que mi superior hiciera muchas cosas de forma distinta, porque hay momentos en los cuales no lo soporto.

—¿Cómo te hace sentir todo eso? —preguntó Hendo nuevamente, haciendo un esfuerzo por profundizar un poco más en el tema.

Johnny resopló, luego movió la silla hacia atrás, apoyó los codos sobre sus rodillas y agachó la cabeza.

—No es fácil. A veces me siento un poco defraudado. Derrotado. Desmotivado. Decepcionado. En general, emociones que empiezan con d y son negativas.

—¿Y con quién te sientes así?

Johnny levantó la mirada y los hombros y exclamó:

—¿Perdona? No te entiendo...

—Sí —repitió Hendo—. Nos estás diciendo que, en esos casos, las emociones son negativas. Por lo tanto, te pregunto: ¿con quién te sientes defraudado, desmotivado, decepcionado? ¿Con tu jefe? ¿O contigo mismo?

Esta vez Johnny entornó los ojos. Ahora parecía confundido y un poco molesto:

—Sigo sin entenderte, Hendo. ¡En serio! Creo que está bastante claro que es todo culpa de mi jefe...

—No hace falta que digas mucho más por ahora, Johnny —dijo Hendo al notar su reacción defensiva y emocional—. La razón por la cual te pregunto esto es porque, muchas veces, lo que nos irrita de nuestros superiores (y de otras personas) nos puede llevar a un mejor entendimiento de nosotros mismos. Por lo tanto, quédate con estas preguntas y piensa en ellas más adelante. ¡Te aseguro que te servirá! —Luego, Hendo se dirigió al grupo—: Al hilo de la conversación anterior, aprovecho para haceros una pregunta a todos: ¿quién es el principal responsable de asegurar que la relación entre un jefe y un subordinado funcione?

—Diría que es responsabilidad del jefe promover un buen clima con las personas de su equipo —respondió Hannah.

Silencio. El grupo estaba dividido y confundido. Muchos miraban a Hannah para ver si tenía algo más que decir y evitar el incómodo mutismo que se apoderaba de la sala. Pero no era el caso. Luego, las miradas se clavaron en otra de las asistentes, Natalia, que se mostraba inquieta y parecía debatirse entre hablar o permanecer en silencio.

Hendo se sintió presionado por la escrupulosa atención de todos y por el silencio y la tensión que se acumulaban, así que finalmente manifestó:

—Pensad que el rendimiento de un equipo es un modelo de responsabilidad mutua. Me imagino que sabéis a qué me refiero, ¿o no? —Al darse cuenta, algo decepcionado, de que nadie se pronunciaba al respecto, continuó—: En esta línea, la responsabilidad por los resultados es compartida por el líder y los integrantes del equipo. Sin embargo, nunca llegamos a discutir quién tiene que dar el primer paso. Ésta no es una pregunta fácil de responder. Generalmente, las personas lo ven de distinta forma y tienen opiniones diferentes al respecto.

—¿A qué te refieres, Hendo? —preguntó uno de los participantes, incorporándose nuevamente a la discusión.

—Bueno —reaccionó Hendo mientras tragaba saliva y pensaba cómo proceder—, me refiero a que hay personas que creen que es el jefe quien debe dar el primer paso. Y hay otras personas que creen que son los integrantes del equipo quienes deben, proactivamente, llevar la situación al superior directo. Independientemente de esto, creo que lo verdaderamente importante es recordar que todos debemos ser proactivos al gestionar a nuestros superiores, jefes y líderes: ¡es una de las partes clave de cualquier trabajo!

—¿Cómo sugieres hacerlo? —inquirió uno de los asistentes.

—La raíz de una relación valiosa con un superior es el diálogo continuo. Para que ese intercambio pueda darse, debe existir una base de confianza y respeto. De lo contrario, será imposible mantener las conversaciones que permiten recabar información del jefe para entender cuál es su percepción de la situación actual, su visión futura y qué espera de sus reportes directos.

—Me gustaría aprovechar para hacer una pregunta —comentó Natalia con un tono y expresión algo dramática, como si su vida entera dependiera de la respuesta que estaba por llegar—.

Puede que sea un poco obvia, pero aquí va: ¿cuál es el mejor momento para tener estas conversaciones? ¿Qué sugieres?

Antes de que alguien más pudiera responder y le quitara el turno, Hannah se lanzó al ruedo con una idea:

—Bueno, yo creo que la respuesta ya la tenemos: se encuentra en lo que comentábamos antes. Es un diálogo continuo, frecuente, sistemático, vivo. Hay que gestionar el balance entre la calidad y cantidad de la información transmitida en todo momento. Y añadiría que, cuanto antes empiece, mejor. ¿No es así?

Hendo se contuvo para no atender las dudas en la sala y dejar que la idea y la respuesta de Hannah se revelaran completamente, en todo su alcance, antes de seguir.

En los siguientes minutos, Hendo hizo una puesta en común de los puntos comentados por el grupo y resumió los mensajes más valiosos y prácticos. Adicionalmente, invitó a todos a pasar página y transitar a uno de los siguientes puntos de la agenda del día.

Atascados

Se aproximaba rápidamente un punto clave de la segunda parte del taller. Era necesario, ya que el grupo se encontraba muy cerca de un atasco mental. La mayoría de los asistentes se debatía entre tratar de mantener el foco y dejarse vencer por el sueño, el cansancio y algunas ideas y conceptos marginales.

Para sorpresa de Hendo (y no le gustaba reconocerlo), él también se sentía más o menos igual, y le molestaba la sensación que eso le producía. El efecto de la comida y la digestión empezaba a manifestarse en su mejor versión, y salir de ese estado mental requeriría un esfuerzo descomunal por su parte para asegurar que su motor intelectual no tirara la toalla en ese momento.

Necesitaba reunir fuerzas para liderar al equipo, asegurarse de que todos mantenían el ritmo y seguir avanzando con los puntos restantes de la agenda del día. Sin embargo, en su mente, no dejaba de pensar en otro aprieto que tenía en el horizonte: un problema personal que continuaba acosándolo con innumerables llamadas perdidas y mensajes en su móvil.

10

Regla 4: promover el *engagement*, no el *disengagement*

¿Somos humanos?

Hendo tuvo la impresión de que la mirada de aquellos que estaban en la sala había cambiado. ¿Habrían sobrevivido a los efectos del sueño posterior a la comida?

«¡Espero que sí! —deseó con todas sus fuerzas—. Si no, tendré que hacer algo al respecto, ¡y rápido!»

Para su fortuna, ahora, mágicamente, el grupo parecía un poco más enganchado, implicado y deseoso de conocer más y avanzar. Por ende, aprovechó la chispa de energía del momento para introducir un nuevo punto en la agenda, la siguiente regla de oro, tras preguntar:

—¿Cuáles son algunos de los rasgos que todos los humanos tenemos en común?

—No quiero mentirte, Hendo —confesó Johnny—, ¡esa pregunta es muy fácil de responder!

—¿Perdón? ¿Cómo dices?

—Sí —respondió Johnny, soltando una carcajada que dejó a todos con los ojos abiertos como platos—: todos creemos que conducimos mejor que los demás...

—¡Por Dios! —exclamó Carlos con tono sarcástico—. Ya has empezado a decir tonterías nuevamente...

Esta vez, ligeramente encogido de hombros y un poco avergonzado, Johnny no pudo evitar reírse de sí mismo.

—Parece que todos tenemos sentido del humor, menos tú, Johnny —añadió alguien más en la sala.

Interpretando esa nueva soltura que aligeraba el ambiente como una señal para continuar, Hendo comentó:

—La respuesta es que todos somos falibles. Lo decíamos anteriormente al hablar de la diferencia entre los superhéroes y los humanos: todos somos vulnerables. Todos tenemos, más o menos, el mismo tipo de necesidades porque somos personas. Puede que las tengamos en distintas proporciones y órdenes de prioridad, pero, al fin y al cabo, son las mismas necesidades humanas las que nos conectan a todos.

—¿Por ejemplo? —inquirió Hannah amablemente.

—Todos queremos encajar. Sentir que pertenecemos. Queremos tener voz y ser escuchados. Queremos contribuir, participar, colaborar. Queremos que nos impliquen, que nos incluyan y consideren.

Dos experimentos

La actitud confiada de Hendo y la energía y empatía del grupo le permitieron continuar más rápido, sin muchas interrupciones, y proporcionar detalles adicionales al tema que había presentado hacía unos minutos. Para ilustrar ese punto, Hendo mencionó dos experimentos recientes en el campo de la investigación sobre el comportamiento humano y destacó su aplicación directa en el mundo empresarial.

Explicó que el primero de estos análisis se había realizado con un grupo de niños y niñas de primaria, dividido en dos subgrupos. Al primero de ellos se le habían dado instrucciones detalladas sobre cómo resolver un puzle. Un profesor les había indicado explícitamente cómo, dónde y cuándo debían completarlo, lo que dejaba muy poco margen para la improvisación y el error. En otras palabras, los niños habían recibido indicaciones como: «Siéntate aquí y no te muevas. Usa estas fichas. Resuelve este puzle con tus compañeros. En diez minutos vuelvo y deberá estar hecho». (Nota: me recuerda a algún jefe que he tenido en el pasado...)

En cambio, la experiencia del segundo subgrupo fue ligeramente distinta. Se les había dado un poco más de libertad y flexibilidad; por ejemplo, se les había permitido elegir qué puzle resolver, dónde resolverlo y cómo hacerlo.

Con un tono mesurado y controlado, Hendo puntualizó que este subgrupo había sido más exitoso: no sólo había resuelto el puzle más rápidamente, sino que también había mostrado un nivel más alto de motivación y compromiso durante la actividad.

¿Se aplica esto en alguna medida en el sector empresarial?

Luego, Hendo explicó el segundo experimento. Tras el anuncio de un importante cambio de estrategia que implicaba nuevas formas de trabajar en una empresa manufacturera global, un reconocido grupo de investigadores y consultores de negocio quería estudiar cuál sería la mejor forma de que los empleados y operarios de sus fábricas lo aceptasen, se alineasen y potenciasen su capacidad de ejecución. Para este caso, la dinámica era similar a la del primer experimento: se escogió un grupo que se dividió en dos subgrupos más pequeños.

El primer subgrupo de empleados simplemente había escuchado presentaciones por parte de los directivos acerca de la nueva estrategia y los nuevos planes de trabajo. En cambio, al segundo subgrupo se le había invitado a participar en una conversación con el propósito de aportar ideas y recabar opiniones sobre cómo implementar y ejecutar la nueva estrategia.

—¿Qué creéis que pasó? —preguntó Hendo tras revelar los experimentos—, ¿cuál de los dos grupos pensáis que se implicó más durante la ejecución de la estrategia? ¿Cuál diríais que logró mejores resultados?

—Está más que claro, Hendo —musitó Johnny mientras entornaba los ojos—, no hace falta responder...

—Y entonces, ¿por qué no promovemos más la implicación de los equipos? ¿Qué nos lo impide?

Fórmula mágica

El maestro de ceremonias reveló una nueva regla o principio de liderazgo a través de una fórmula, argumentando que todo líder debía conocerla y saberla aplicar al trabajar con su equipo:

INVOLUCRACIÓN × CONVICCIÓN × EJECUCIÓN = RESULTADOS

—A través de los ejemplos y experimentos de hace unos minutos, he hablado un poco sobre la importancia de la participación o implicación de los integrantes del equipo. Ahora pensemos en cómo lograrlas —agregó, en un intento adicional por dialogar con el grupo y evitar un monólogo que acrecentara el sueño—. ¿Qué podemos hacer para involucrar a los demás en el día a día? ¿Qué se os ocurre?

Una de las personas en la sala alzó la mano, pero no esperó a que Hendo le diera el visto bueno para hablar:

—Se me ocurre algo sencillo, como dejar espacios para preguntas y respuestas al final de las presentaciones o reuniones. ¡Yo lo hago siempre!

El comentario causó reacciones airadas entre varias personas, y un ambiente tenso se asentó como una pesada bruma en la sala de trabajo. No muy conforme con la dirección que tomaba la discusión y absorto en sus pensamientos sobre cómo reconducirla, Hendo tardó unos segundos en recuperar la confianza. Antes de que pudiera dirigirse nuevamente al grupo, Carlos lo interrumpió:

—Yo quiero hacer un comentario al respecto. Creo que se puede hacer más que lanzar preguntas. Es decir, la idea de enrollarse, soltar una buena chapa, y luego finalizar con un espacio para responder dudas y preguntas no me parece la mejor opción.

—¿Por qué lo dices?

—Porque me lo ha confirmado mi equipo. Suelo hacerlo mucho y no siempre me funciona. Además, muchas veces hago preguntas bien intencionadas y nadie me responde. ¿Soy el único al que le ha pasado?

—A mí también, alguna vez. Y entonces, ¿cuál es la alternativa? —preguntó la misma voz del principio.

—No te lo tomes a mal, amiga —alegó Carlos—, pero todos tenemos una capacidad de atención limitada. Imagina si Hendo diera un monólogo de ocho horas y al final de la jornada dejara un espacio para responder dudas. ¿Qué pasaría?

La voz al fondo de la sala intentó desesperadamente encontrar una forma de defenderse. Todos los ojos estaban puestos sobre ella. Sin embargo, en menos tiempo del esperado, se dio cuenta de que no estaba preparada para justificarse y se echó atrás...

Hendo comentó:

—Ambos tenéis razón en varios puntos. Lo que dice Carlos es cierto: todos tenemos un nivel de atención limitado que, a su vez, se ve afectado por las múltiples distracciones del día a día. Además, también es cierto lo que dice la compañera: las preguntas pueden ser las mejores aliadas para este tipo de situaciones, sobre todo si se usan antes, no sólo al final. Muchos líderes, erróneamente, piensan que la calidad de su liderazgo y el valor que aportan a su equipo vienen definidos por la calidad de sus ideas y sus soluciones. Pero no siempre es así. La eficacia de su liderazgo también viene definida por la calidad de las preguntas que se hacen a las personas del equipo.

—Pero hay momentos para todo, ¿no? —intervino Hannah con la típica curiosidad que la caracterizaba, a la vez que evitaba cuestionar al ponente.

—¡Exactamente! Gestionar el equilibrio es clave. Hay momentos para informar e instruir, y hay momentos para preguntar y abrir la conversación.

—Adicionalmente, vale la pena decir que las preguntas permiten medir el pulso y entender quién tiene capacidad intelectual, y cuánta —agregó Natalia, interrumpiendo de manera incisiva e inesperada.

Al darse cuenta de que habían pasado varios minutos más de los que tenía previstos para esta parte de la conversación con el grupo, y mientras aumentaba su sentido de urgencia por la necesidad de gestionar mejor el tiempo, Hendo trató de retomar las riendas de la discusión. Su intento de redirigir la conversación fue un poco forzado y sorprendió a algunos de los asistentes.

—Uno de los aspectos más positivos de la involucración es que hace que las formas de trabajar sean más participativas e inclusivas. La idea de implicarse y poder ser parte activa ofrece una oportunidad única al equipo. Cuando el líder invita a los empleados a implicarse de manera auténtica y genuina, se fomenta una mayor autonomía, que es un elemento vital que conduce a la autorrealización personal y a un mayor sentido de pertenencia. Además, cuando los integrantes de un equipo sienten que pueden contribuir libremente con sus ideas, se sienten más confiados, pueden ofrecer más, dar más e implicarse.

—¿Cómo conecta todo esto con la fórmula mágica que veíamos antes? —preguntó una voz desde una de las mesas, tratando de orientar la conversación directamente al resultado final.

—Vamos allá... —replicó Hendo, visiblemente emocionado por el tema—. Cuando las personas se sienten genuinamente involucradas, también se sienten más convencidas del camino a seguir y más responsables de las ideas y planes que hay que ejecutar, dado que ellos mismos han sido partícipes del proceso creativo. En otras palabras, hay una relación causal entre la implicación, la convicción y la capacidad de ejecución.

Hannah interrumpió:

—Por lo que entiendo, si hay una mayor convicción sobre el plan a seguir, las personas voluntariamente desbloquearán el esfuerzo y la motivación necesarios para asegurar una ejecución eficiente y efectiva, logrando resultados aún más altos de los previstos. ¿Va por ahí?

—Correcto. Es justo eso lo que ayuda a cerrar la brecha de ejecución de resultados. Además, debéis tener en cuenta que cuando las personas del equipo están comprometidas, motivadas y convencidas del camino a seguir, es más probable que se esfuercen al máximo. ¡Son éstos los momentos en los que se genera valor diferencial!

Para concluir, Hendo explicó que un líder puede hacer un gran esfuerzo para convencer de sus ideas al equipo y que, sin embargo, por bien que lo haga, el equipo puede pensar y sentir que le está intentando vender algo. Es lo que típicamente se conoce como *enfoque push*. Y, además, puntualizó que en el escenario contrario, en el que el líder ordena que se hagan cosas, realicen tareas, ejecuten planes de acción gritando instrucciones a todo pulmón, a diestra y siniestra, sin parar, lo máximo a lo que podrá optar es a una participación reticente. ¿Es éste el escenario ideal? Tal vez no.

Y entonces, ¿cuál es la alternativa?

La respuesta está en la capacidad de enfocarse en un estilo de comunicación bidireccional y una forma de trabajo colaborativa que fomente la implicación, la convicción y la capacidad de ejecución para lograr resultados en equipo. En esencia, el rol del líder no es simplemente hacer que los demás trabajen, sino crear un ambiente que inspire y motive a las personas a dar lo mejor de sí mismas, proponer soluciones y mejorar de manera continua las formas de pensar y trabajar.

La historia de Sofía

En medio de la discusión, Sofía levantó la mano y pidió la palabra para compartir una anécdota o ejemplo con el grupo:

—Creo que tengo una historia que toca los elementos y aprendizajes principales que estamos comentando. Me parece que le da un poco de vida a lo que hemos discutido hasta ahora. En esencia, se trata de una conversación que tuve con una persona con la que trabajo, aunque no me reporta directamente. No obstante, colabora con frecuencia en algunos proyectos e iniciativas con mi equipo.

El grupo, incluido Hendo, parecía visiblemente ilusionado con la participación de Sofía, y todos escucharon atentamente lo que ella compartió:

—Para que la anécdota tenga más sentido, debería daros un poco de contexto. Así que os contaré algo más sobre mí y mi experiencia. A lo largo del tiempo he ocupado roles bastante variados, no sólo en mi empresa actual, en la que llevo alrededor de cinco años, sino también en las otras compañías en las que trabajé anteriormente. Suelo moverme bastante... para bien y para mal. Desde hace aproximadamente tres años soy directora de operaciones en el sur de Europa para una empresa química. El rol incluye la parte de seguridad laboral y operativa, un tema que me apasiona. Por lo tanto, todo aquello que tiene que ver con la operación pura y dura lo delego casi al cien por cien. ¡Puedo hacerlo porque tengo gente para ello!

Johnny no dejó pasar la oportunidad de intervenir en la conversación:

—Y entonces, ¿tú qué haces exactamente?

—Todo lo relacionado con la seguridad lo llevo yo —respondió ella con una sonrisa, ansiosa por compartir más detalles—. Como comentaba, es uno de mis temas preferidos. Me encanta la parte técnica, pero, sobre todo, me apasiona el componente cultural de la seguridad.

Johnny parecía confundido y no terminaba de entender lo que escuchaba. Con un tono más serio de lo habitual, volvió a preguntar:

—¿La parte cultural de la seguridad? ¿A qué te refieres en concreto?

—Creo en promover una cultura orientada a resultados, pero también al bienestar y la seguridad de las personas. Para ello, hay que vender una visión, involucrar a los demás, movilizar esfuerzos, hablar con las personas y entender qué están pensando y sintiendo. Y mucho más. ¡A eso me refiero! Me imagino que has escuchado aquella frase que dice que «la cultura se come a la estrategia en el desayuno», ¿no? ¡Pues de eso mismo estoy hablando!

Hendo disfrutaba de lo gratificante, valioso y relevante que resultaba la situación. En momentos como éstos, la sesión de trabajo fluía sola, y Sofía se convertía en la protagonista del momento. Decidida a no perder el impulso del momento, ella volvió a pronunciarse, y enfatizó:

—Veréis, hace unos meses tuve un punto de inflexión muy importante en mi carrera.

—¿A raíz de qué? —cuestionó Carlos, que trataba de encontrar algo útil para su situación personal—. ¿Qué te hizo cambiar?

—No fue nada del otro mundo. Simplemente tuve una conversación interesante que cambió mi forma de pensar.

En muchos de los rostros se podía leer la misma expresión: «¡Cuéntame más!».

—Me explico —continuó Sofía—. Antes de aquella situación, yo creía que las reglas, los protocolos, las sanciones, las repercusiones, los castigos y las reprimendas eran la única forma de educar a las personas y de asegurar que hicieran las cosas. Pero luego, de la noche a la mañana, en un abrir y cerrar de ojos, todo cambió...

Sofía se aclaró la garganta, rememorando su pasado y sonriendo al grupo que la escuchaba. No podía creer que le prestaran tanta atención; no estaba acostumbrada a eso. Luego prosiguió, armada de sinceridad, autenticidad y confianza:

—Bueno, la verdad, quisiera ser honesta con todos vosotros. Hace unas semanas yo era una persona completamente distinta. Es por eso por lo que estoy aquí: estoy en un proceso de aprendizaje y descubrimiento, porque quiero transformarme y mejorar.

La expresión de desconcierto se apoderó de los rostros en la sala. Hendo también estaba un poco sorprendido por la historia: «A ver a dónde llega con todo esto...», pensó.

Nadie quiso romper el silencio que se impuso por unos segundos mientras Sofía reordenaba sus ideas, buscando las palabras más adecuadas para transmitir la siguiente parte de su historia.

—¿Sabéis cómo me conocen en la empresa? —Silencio y caras de perplejidad—. Por lo general, tengo fama de ser una persona antipática y grosera. Una cascarrabias. Tajante. Bruja. Ésos, tristemente, son unos de los pocos adjetivos que usarían para referirse a mí y a mis formas de trabajar. Soy la típica persona que pierde la paciencia y los estribos con facilidad, sobre todo cuando alguien no sigue las reglas, no hace un buen trabajo, o simplemente no se toma las cosas en serio. Y justo por mi actitud y mi forma de ser, hace unas semanas llegué a un momento de mi carrera en el que caí en la cuenta de que la situación no era sostenible. Además, si soy honesta, nada estaba funcionando. ¡Los resultados no me acompañaban y me estaba enemistando con todo el mundo! Tuve un momento en el que vi muy claro que tenía que hacer las cosas de forma diferente..., ¡tenía que evolucionar!

—¿Qué fue lo que cambió en ese momento? —intervino Hannah.

—Fueron principalmente dos cosas —dijo con un tono meditativo, introspectivo e incluso melancólico—. Por un lado, uno de mis mentores, un vicepresidente sénior de la compañía, me dio *feedback*: me dijo muy claramente que tenía que cambiar. Me acuerdo de que cuando me lo comentó, pensé que eran tonterías. No me gustó nada que me lo dijera: otra muestra más de mi falta de madurez... Luego, esa misma noche, tras darle vueltas y vueltas, entré en razón. Por otro lado, después de eso, tuve que gestionar una situación que me permitió poner a prueba mi voluntad y deseo de cambiar. ¡Fue como una señal de Dios!

Todos estaban al borde de sus asientos, ansiosos por saber cómo continuaba la historia. Sofía intentó esbozar una sonrisa para no parecer demasiado dramática antes de que un tono sutilmente fúnebre se apoderara de su expresión.

—Fue un día a inicios de semana. Recuerdo que entré, como solía hacer a primeras horas de la mañana, a uno de los laboratorios para pasar revista y asegurarme de que todo estuviera bajo control. ¡Era parte de mi rutina! Era una de las formas en que yo controlaba que los equipos estuvieran trabajando y cumpliendo con las tareas de forma segura y protocolaria.

»Después de la rápida inspección rutinaria de la mañana, me dirigí a mi despacho, al otro extremo de un largo y luminoso pasillo con salas de reuniones a ambos lados. Antes de abrir la puerta que daba al pasillo, por alguna razón, volví la mirada y vi a una de los gerentes de calidad de procesos. Era alguien con quien tenía que trabajar y reunirme con cierta frecuencia, aunque no estaba a mi cargo directamente. La gerente no estaba sola. Estaba con un proveedor. ¿Sabéis qué dice el protocolo de seguridad sobre las visitas de los contratistas a nuestros laboratorios? —Sofía respiró profundo y luego se respondió a sí misma, con una pizca de frustración en su voz y su rostro—: El protocolo dice muy muy claramente que cualquier persona que esté en los laboratorios, ya sea un empleado o no, debe usar equipo de protección durante la visita. Estamos hablando de unas gafas protectoras, eso es lo principal.

—Y entonces, ¿qué pasó? —exclamó Johnny, mientras contenía un «¡Qué tontería! ¿Gafas protectoras? Estos de seguridad son unos locos...».

—Pues no sabéis cómo me puse. Hice lo que todos hacemos. Le puse una cruz a la gerente. Quería ir hasta donde se encontraba, cogerla del cuello y darle un guantazo...

Esta vez Johnny se rio. Otros más lo siguieron.

—No es para reírse —reaccionó Sofía con una sonrisa forzada.

—Ya —comentó Johnny—, disculpa, pero es un poco gracioso si lo piensas bien...

—Y entonces, ¿qué fue lo que hiciste en ese momento? —añadió alguien más.

Olvidándose momentáneamente de que todos la observaban de cerca, Sofía negó con la cabeza como si se arrepintiera de algo. Luego alzó la mirada y se dirigió al grupo con el mismo tono pausado de hacía unos segundos:

—De milagro, en ese momento me acordé de la conversación y el *feedback* que me había dado mi mentor. En ese momento me sobrecogieron sus palabras exactas: «Tienes que cambiar, Sofía. De lo contrario, no lograrás mucho más aquí en esta empresa». Una gran parte de mí me impulsaba a hacer lo que siempre había hecho: ponerme a la defensiva y corregir a la persona a través de gritos y órdenes. Pero no me dejé llevar por esa parte de mí. En cambio, me decidí a hacer algo distinto...

—¿Qué? —irrumpió Natalia sin poder contener su entusiasmo y curiosidad por conocer el desenlace.

—Básicamente, le dije que pasara a verme cuando tuviera unos minutos para hablar, que quería comentarle algo sobre la visita de aquella persona y el cumplimiento de las reglas de seguridad en nuestras instalaciones. Alrededor de una hora después, vi que asomaba su cabeza por la puerta entreabierta de mi despacho. Fue un poco raro e incómodo, dado que yo todavía estaba en ese estado mental y emocional negativo producido por mi tradicional e inmadura forma de reaccionar a estas situaciones. ¿Y sabéis qué? Ahora que pienso en esto con cabeza fría, *a poste-*

riori, creo que yo estaba asustada. ¡Sí! ¡Justo eso era! ¡Tenía pavor de afrontar estas situaciones y hacerlo mal! Por eso me ponía como una loca...

Hubo un pequeño pero poderoso silencio en el cual la sala entera se convirtió en un mundo desolado, como un planeta sin vida. Por unos segundos, el tiempo quedó congelado, hasta que Sofía interrumpió la quietud nuevamente:

—Y luego llegó la sorpresa del día...

—Entiendo que fue ése el momento que lo cambió todo, ¿correcto? —preguntó Hendo, para ayudarla y animarla a coger impulso y tracción otra vez.

—Creo que sí —confirmó satisfecha—. Apenas se presentó, la invité a pasar de la forma más educada y empática que pude. Lo digo porque me acuerdo de que tuve que forzarme a hacerlo de ese modo: no me vienen naturalmente estas cosas. A continuación, le pregunté si tenía quince o veinte minutos para hablar, porque quería asegurarme de que pudiéramos hacerlo con calma. Además, pretendía empezar a medir el pulso y explorar si la persona estaba dispuesta a mantener la conversación conmigo.

—¿Y todo esto es necesario para una conversación de este estilo? —cuestionó Carlos en voz baja a una de las personas que tenía a su lado—. ¿Acaso no es mejor ser directo, decir las cosas como son y hasta la próxima?

—Sinceramente, no sé si lo resolví muy bien. Sin embargo, os cuento cómo abordé y gestioné la conversación. Lo primero que hice fue darle contexto: le conté por qué quería hablar y lo que yo había percibido esa mañana. Le dije que la había visto en el laboratorio con el contratista, y que el hecho de que él no llevara el equipo adecuado, indicado, correcto, me había alarmado. Señalé que eso era una falta grave y que no estaba dando buen ejemplo.

—¿Ya está? ¿Eso es todo? —interrumpió de nuevo Johnny, causando que Sofía lo escuchara desde el otro extremo de la sala.

—Por favor, déjame continuar. ¡Qué intenso que eres! ¡Por supuesto que hay más! —respondió, resoplando y entornando los ojos—. También le comenté que iba a tratar de evitar la reacción de siempre: la típica reprimenda. Fue justo ahí donde empecé a sorprenderla. Noté que se mostraba menos tensa, más relajada y que comenzaba a bajar la guardia. Especialmente cuando le dije que quería tratar de entender por qué lo había hecho y explorar si tal vez yo estaba equivocada, quizá porque no tenía todo el contexto de la situación. Y luego hice algo que la sorprendió aún más. Le lancé preguntas para tratar de ponerme en su posición y ver su perspectiva de la situación. Pregunté y me forcé a escucharla, olvidando y dejando atrás todo lo que solía desviar mi atención (el móvil, el correo, llamadas, y más).

—¿Y qué tipo de preguntas le hiciste? ¿Qué le preguntaste? —dijo Hendo.

—¡Unas cuantas cosas! —continuó, rememorando la situación algo avergonzada—. La bombardeé con preguntas de todo tipo. Si mal no recuerdo, le pregunté qué opinaba sobre el reglamento, qué oportunidades de mejora veía, qué creía que funcionaba, qué no, qué cambiaría y qué mantendría.

—Vaya. ¿Y es eso lo que sugieres que hagamos todos? —replicó Johnny, confundido—. No sé si eso es para mí...

—No, para nada, Johnny. Lo que quiero decir es que al hacer preguntas, pude iniciar una conversación de verdad, ¡un diálogo! Me di cuenta de que si al principio planteamos preguntas, podemos llegar a tener respuestas. ¡Es así como funciona! ¡No al revés! Si se empieza con respuestas, seguramente terminaremos con muchas dudas...

—¿Cómo sabes que esto funcionó? —se adelantó otra voz desde una de las mesas en la sala.

Sofía miró al suelo, buscando respuestas y palabras para continuar:

—No estoy muy segura..., pero noté que empezó a bajar la guardia. Noté que me miraba a los ojos y sostenía la mirada, algo que antes no hacía. Y, ahora que pienso en la situación, recuerdo que en un momento de la conversación se acomodó en la silla, cruzó las piernas y dejó su móvil completamente de lado. Además, se soltó, empezó a responder mis preguntas y reveló lo que pensaba. A partir de cierto momento, perdió el miedo y me decía lo que realmente opinaba. ¡Fue una buena conversación de trabajo! Ah, y antes de que me olvide, también sonreía un poco más, eso también lo noté...

Sofía pensó por un momento, resopló como si hiciera un último esfuerzo por sacar todos los detalles de su historia y luego comentó:

—Pensando en esto *a posteriori*, lo que creo que es interesante es que cuando yo bajé la guardia, demostré un poco de vulnerabilidad y empecé a tratarla como a una persona adulta, no como a una niña o una empleada o un recurso, ella hizo exactamente lo mismo conmigo.

—Acción-reacción —intervino Hendo sin querer hacerlo.

—¿Perdón? —se sorprendió ella, un poco confundida por la inesperada interrupción.

—Discúlpame, no he podido contenerme... —respondió Hendo—. Sólo estaba tratando de ponerle un título a lo que nos estabas contando.

Ansiosa por rematar su historia, Sofía continuó con entusiasmo, lo que capturó la atención de todos:

—Además, ¡me di cuenta y aprendí que la capacidad de influencia empieza con el corazón (con las emociones), no con la cabeza (o lo racional), como todos creemos! Es decir, que para llegar a conocer las ideas de las personas es necesario conectar emocionalmente. Dicho de otra forma, a nadie le importa cuánto sabemos hasta que se dan cuenta de que nos importa lo que ellos tienen que decir, o que nos preocupamos por ellos. ¡Y aprendí que la atención es la forma más pura y auténtica de generosidad! ¿Por qué lo digo? Porque hay otra cosa que pasó después. La persona con la que hablaba me dijo algo que no esperaba para nada. Contra todo pronóstico, aseguró que creía que había reglas en el protocolo de seguridad que no tenían ningún sentido y que eran demasiado flexibles, laxas y permisivas. ¿Podéis creerlo? Además, compartió conmigo algunas de sus ideas y me ayudó a identificar oportunidades de mejora en procesos, tareas y acciones para hacer evolucionar la cultura de seguridad del equipo. ¡Ésa fue la parte más valiosa de la conversación desde una perspectiva de equipo y organización!

—¿Estás bromeando o es en serio? —exclamó Carlos—. Suena demasiado bueno para ser verdad...

—¡Exacto! —replicó Sofía sin vacilar—. Eso mismo pensé yo

en ese momento. ¿Sabéis qué me dijo cuando le pregunté por qué estaba compartiendo conmigo esta información? Me contó que hacía poco había sido madre, un hecho que la había cambiado profundamente. A raíz de eso, quería hacer todo lo posible por regresar sana y salva a casa todos los días después del trabajo. Yo habría jurado que la seguridad era lo menos importante para esta persona, pero estaba muy equivocada: era determinante en su vida. Ambas queríamos trabajar por lo mismo, pero nunca nos habíamos dado la oportunidad de entenderlo y comentarlo.

Enseñanza

Al percibir la utilidad y riqueza del ejemplo anterior, Hendo intervino para reforzar algunos puntos clave y redirigir la conversación de los últimos minutos. Explicó que, al gestionar y liderar personas, es crucial comprender la diferencia entre el acatamiento (o mero cumplimiento) y el *engagement* o compromiso real. Por lo general, el primero se obtiene a base de instrucciones y órdenes, mientras que el segundo requiere un enfoque completamente diferente.

—Esto es lo que enseña la historia de Sofía —explicó Hendo—. Podemos influir positivamente en las personas y lograr compromiso y *engagement* genuino a través de las conversaciones, el diálogo y el trabajo en equipo.

Hannah tomó un sorbo de agua y miró a su alrededor, como si buscara un objeto perdido en algún rincón de la sala. Finalmente, se arriesgó y comentó:

—Hay otro punto que a mí personalmente me llama la atención: la estructura de la conversación. ¡Es distinta!

Hendo sonrió, encantado de escuchar su aportación:

—Explícanos más, ¿por qué te ha llamado la atención y qué te ha gustado de la estructura?

—Todos queremos contar nuestra versión de la historia —reflexionó en voz alta—. Queremos posicionar nuestros argumentos a toda costa. Esto, muy rápidamente, puede dar pie a un peloteo de explicaciones, excusas y pretextos para tratar de convencer al otro: argumento tras argumento, de un lado a otro, como si fuera un partido de tenis en el cual es vital ganar cada punto. Pero en el ejemplo anterior, no hay un peloteo de argumentos y contraargumentos, ni de propuestas y contrapropuestas. No, es más bien un diálogo; una conversación entre dos partes iguales, es bilateral.

—Es justo eso —intervino Sofía al sentirse reflejada en las palabras de Hannah y satisfecha por haber ayudado al grupo—. Ésa es una parte superimportante de la historia...

Tras unos minutos de conversación, Hendo aprovechó la oportunidad para resaltar una estructura conversacional que facilita trascender el simple acatamiento o cumplimiento y permite avanzar hacia el compromiso y el *engagement* de los integrantes del equipo. Preguntó:

—Si volvemos al ejemplo de Sofía, ¿qué fue lo primero que ella hizo al iniciar la conversación con su interlocutora?

Varias manos se alzaron, tras lo cual se generó una oleada de ideas y comentarios:

—Acoger y dar la bienvenida a la otra persona —dijo alguien.

—Hacer una introducción y empezar a gestionar las expectativas —exclamó otro.

En medio del bullicio que llenaba la sala, Hendo se acercó al *flipchart* y anotó la primera idea:

1. Dar contexto, gestionar las expectativas, declarar la intención

—¿Y después de esto cómo continuó la conversación? —inquirió Hendo, dirigiéndose nuevamente al grupo.

Johnny, algo confundido, respondió con otra pregunta de forma poco convincente:

—Supongo que te refieres a cómo desarrollar y mantener la conversación, ¿no?

—¿Y cómo lo hizo exactamente? —insistió Hendo sin dar una respuesta, girándose rápidamente para anotar y capturar un segundo punto en el *flipchart*:

2. Preguntar

—¡Exacto! —reiteró Johnny sonriendo y burlándose de sí mismo—. A eso mismo me refería..., simplemente no encontraba las palabras.

—¿Y luego? ¿Qué pasó después de las preguntas que abrieron la conversación y dieron inicio al diálogo entre las dos partes?

Esta vez, la expectación llenó la sala, creando una atmósfera palpable de anticipación. Todos los ojos estaban puestos en Hendo y en el *flipchart*, y esperaban a que revelara el próximo paso del modelo que estaba construyendo.

Después de anotar el tercer paso, en el listado se leía:

1. Dar contexto, gestionar las expectativas, declarar la intención
2. Preguntar
3. Analizar y transmitir su punto de vista/mensaje

—Pero tiene que haber algo más, ¿no? —ladró Hannah, un poco ansiosa y agitada—. ¿O eso es todo?

Natalia intercedió y ayudó con su respuesta:

—Diría que sí hay un cuarto paso: lograr algún acuerdo, próximo paso o compromiso. ¿Te refieres a eso?

—Creo que finalmente hemos concluido el modelo —concluyó Hendo, revelándolo en su totalidad después de apuntar los últimos pasos:

1. Dar contexto, gestionar las expectativas, declarar la intención
2. Preguntar
3. Analizar y transmitir su punto de vista/mensaje
4. Explorar opciones/alternativas
5. Definir un próximo paso/compromiso

Algunos de los presentes, con curiosidad, preguntaron:

—¿Y cómo sugieres que lo usemos?

Práctica

Durante la siguiente hora, y tras las instrucciones y la señal de Hendo, los participantes practicaron el modelo estudiado a través de una serie de ejercicios sencillos en grupos de trabajo reducidos, para explorar e identificar cómo y cuándo usarlo.

Unos minutos después, al notar que la mayoría terminaba, Hendo llamó la atención del grupo e hizo una puesta en común para ayudar a asentar las lecciones aprendidas, conclusiones y aprendizajes individuales.

Más tarde, algunos de los asistentes admitirían el valor y la riqueza de esta reflexión y discusión, algo que, por lo general, era difícil de realizar mientras estaban apagando incendios en la oficina.

¿Preguntar o decir?

Había empezado la última pausa del día, un espacio más que necesario para recargar baterías antes del tirón final. Este momento llevaba a muchos a desconectar rápidamente debido al cansancio acumulado y la idea de tener que digerir y poner en práctica tanta teoría. Como era costumbre, la mayoría había salido de la sala para estirar las piernas, coger aire, fumar un cigarrillo, hacer llamadas, responder mensajes y e-mails o ir al baño. En este instante, sólo quedaban dentro Hannah, Carlos y Hendo, quienes no dudaron en enfrascarse en una conversación relámpago sobre algo que los afligía.

Hannah se dejó llevar por el ímpetu de algunas ideas que tenía en la cabeza y expresó, sin vacilar:

—Algo que he notado es que me resulta difícil mantener conversaciones profundas, cercanas, reflexivas, basadas en preguntas. Si pienso en las personas de mi equipo, me cuesta trabajo ubicar a aquellos con quienes sí podría tener un intercambio de impresiones de este estilo. Y, en cualquier caso, no podría sacar tiempo para tener conversaciones así todos los días o semanas con ellos. —Hannah se detuvo y suspiró audiblemente, insinuando: «Pfff, si tan sólo conocieras a Lena, Silvia y Vladimir...».

Hendo tomó las riendas de la discusión y dijo:

—Hay tres mensajes que son importantes en este tipo de casos. Primero, es relevante considerar la situación de negocio y la cultura de trabajo de la empresa. ¿A qué me refiero con esto? Es posible que en un entorno o momento de cambio, transformación, reestructuración, la balanza se deba inclinar a favor de más conversaciones. ¿Por qué? Porque en este tipo de situaciones, por lo general, la gente se siente inquieta y nerviosa, y, por tanto, tiene la necesidad de hablar al respecto. Si el líder es capaz de abrir estas conversaciones, podrá escuchar cómo se sienten las personas sobre todo lo que está pasando. Por ende, deberías pensar en cuál es la casuística que vive Newenergy en este momento.

»Segundo, todo líder debe ser capaz de hacer una lectura de las necesidades, preferencias y expectativas de cada integrante del equipo. Una de las formas más directas, y fiables, de hacer esto es a través de conversaciones individuales. ¡Así que no las sacrifiques!

»Y tercero, quiero deciros que cuando hablamos de conversaciones, no estamos especificando que deban ser espacios de una o dos horas. No, también pueden ser conversaciones esporádicas, cortas, informales que se mantienen con cierta frecuencia. Ten presente que se puede empezar a construir confianza a través de interacciones cortas... ¡No tiene que ser todos los días! El objetivo, naturalmente, es aprovechar un poco mejor los espacios, reuniones e interacciones ya existentes en el calendario, en vez de crear espacios nuevos que ocupen aún más tiempo de la agenda. ¡No se trata de hacer más! ¡Sino de hacerlo mejor! ¡No se trata de reinventar por completo las formas de trabajar! ¡Se trata de integrar pequeñas mejoras a las formas de trabajar y el flujo de trabajo existente!

Hubo un silencio abrupto, inesperado, un poco incómodo después de la explicación tajante de Hendo, quien no supo exactamente cómo interpretar la reacción sigilosa, sosegada y discreta de las figuras que tenía delante de él en ese momento. Aunque le preocupaba ver que personas capaces (como Hannah) se amparaban en excusas para no adoptar mejores formas de trabajar y mejorar, sabía que había un mínimo de respeto y confianza entre ellos para poder ser lo más directo y sincero.

Hannah y Carlos seguían inmersos en sus pensamientos, procesando lo que acababan de escuchar. Al menos, eso parecía a los ojos de Hendo, hasta que Hannah asintió con cierta rigidez y añadió:

—¿Y qué pasa si alguien del equipo cuestiona algo o hace una pregunta en una de estas conversaciones y no tenemos la respuesta?

Hendo insinuó:

—Al liderar un equipo, es normal enfrentar situaciones en las cuales no se tienen todas las respuestas. Incluso puede haber momentos en los que no sea adecuado revelar toda la información. No obstante, eso nunca debería ser una excusa para evitar las conversaciones con aquellos que buscan esa información. Las personas, por naturaleza, siempre van a hablar de lo que ocurre a su alrededor. Por lo tanto, como líderes, tenemos la responsabilidad de darles la oportunidad de hablar frente a nosotros. De lo contrario, hablarán a nuestras espaldas, lo cual fomenta una cultura de cotilleo que, a medio y largo plazo, nunca es productiva. Además, es importante recordar que el rol del líder no es saberlo todo. El rol del líder es crear un ambiente y cultura de equipo que invite a las personas a buscar y encontrar soluciones y respuestas.

Una vez más, se quedaron inmóviles, reflexivos, como si sus pensamientos estuvieran estancados en un mar tranquilo y sereno, hasta que Hannah intervino para tratar de mostrar que estaba entendiendo el mensaje y siguiendo la conversación:

—Sí, eso tiene sentido. De hecho, se me ocurre un ejemplo: muy frecuentemente, mi jefe llega tarde a las reuniones de equipo. ¡Y ya estamos acostumbrados a eso! Irrumpe como un tornado en la sala, sin ningún tipo de pudor ni vergüenza, dictando órdenes a diestra y siniestra, especificando al más mínimo detalle qué hacer, cómo hacerlo y cuándo hacerlo. ¡Es una locura, siempre es lo mismo! Ocupa y monopoliza todo el espacio, el aire y la energía de la reunión apresuradamente, aportando todas las respuestas, soluciones e ideas. ¿Y sabéis qué hacemos todos los demás? —Hannah se respondió a sí misma—: ¡Nada! ¡Absolutamente nada! Miramos al techo y simulamos que todo está bien; contemplamos el vacío y el infinito y fingimos que seguimos perfectamente la conversación; nos miramos unos a otros y actuamos como si estuviéramos perfectamente de acuerdo.

—Ya —musitó Carlos—. Eso es típico...

Hendo asintió al reconocer las experiencias que escuchaba:

—Ése es el problema. Cuando un líder monopoliza la conversación y no permite espacio para la participación, se pierde la oportunidad de aprovechar la inteligencia colectiva. La verdadera fortaleza de un equipo radica en la diversidad de pensamientos y en la capacidad de todos para contribuir. Es crucial que las conversaciones individuales sean un espacio seguro para que cada miembro del equipo pueda expresarse, hacer preguntas y compartir sus ideas sin temor a ser juzgado o ignorado. Esto no sólo enriquece el proceso de toma de decisiones, sino que también fortalece la cohesión y el compromiso del equipo.

Hannah y Carlos, ahora más conscientes de la importancia de la comunicación efectiva, asintieron lentamente, comprendiendo la profundidad del mensaje de Hendo.

—En la situación contraria no sólo se genera desconexión —continuó Hannah—, sino que las personas se terminan acomodando porque saben que pueden depender por completo de la idea de turno del jefe. ¿No es esto ridículo?

—¿Y sabes qué es lo peor de todo? —preguntó Hendo—. ¡Que el ciclo no termina ahí! Cuando un líder hace eso que tú describes, y las personas del equipo actúan basándose en sus indicaciones, instrucciones y órdenes, el líder generalmente se dice a sí mismo: «¡Qué bueno soy! ¡No habrían podido hacerlo sin mí!». Esto reafirma una falsa creencia que se termina cimentando y solidificando con el tiempo.

Carlos desvió la mirada, abrió los ojos, apretó los labios como si tratara de callarse algo hasta que finalmente exclamó:

—Eso también podría leerse como un liderazgo asertivo y directo, ¿o no?

—No, amigo, no del todo. ¡No te engañes! —respondió Hannah, alzando una ceja y moviendo la cabeza de lado a lado, haciendo evidente su desacuerdo—. Es posible que ese enfoque sirva una vez, tal vez un par de veces, pero nadie aguanta eso durante mucho tiempo...

—Si una casa se está quemando, hay que actuar. Pero, cuando no se está quemando, ¿es mejor optar por otro tipo de aproximación? —volvió a decir Hendo—. Ese estilo no aprovecha la capacidad intelectual de las personas a tu alrededor. La cruda realidad es que no importa cómo de inteligente sea un líder, porque si toma continuamente todas las decisiones, limitará los logros del equipo a lo que él o ella sabe y dice. Y añado algo más: ¡nadie lo sabe todo! ¿Adivinas cuál es la única forma de romper ese ciclo vicioso y venenoso? ¿Cuál es la alternativa para el líder?

Sin saber qué responder, Carlos asintió y pronunció un insulso, apático e insípido «Hum» que, por un momento, preocupó a Hendo. «¡Dios mío!, ¿cómo es posible que no lo entiendan?», pensó para sí mismo mientras se restregaba la cara con las manos para dar salida a su descontento.

Al hilo de la conversación que estaban teniendo, lo único que podía hacer Hendo era reforzar el mensaje principal: generalmente, los líderes organizacionales manifiestan su liderazgo en forma de soluciones e ideas. No obstante, un gran liderazgo también se puede demostrar a través de conversaciones y diálogos valiosos basados en preguntas que aprovechen el potencial de las personas. ¿Qué quiere decir esto en términos prácticos? Muy sencillamente, que el líder no tiene que saberlo todo y no tiene que asumir en solitario la montaña de complejidad asociada a su cargo. La forma de gestionar la complejidad es a través del trabajo y el pensamiento en equipo.

Carlos frunció el ceño y mostró su lado más frágil e inmaduro:

—¿Y si los demás se dan cuenta de que no sé las respuestas? ¿Acaso no me juzgarán por no estar haciendo mi trabajo y cumpliendo con mi rol como jefe o líder?

Hendo se acercó un poco más, apoyó su mano en el hombro de Carlos y, en voz baja, comentó:

—Uno de los mejores directivos con los que he tenido la

oportunidad de trabajar, ya retirado, solía decirme que las personas más listas empiezan con preguntas porque saben que es la única forma de llegar a las mejores respuestas, y viceversa: aquellas personas que empiezan con respuestas, porque creen que ya lo saben todo, generalmente terminan con preguntas y dudas. Verás, Carlos, ¡el mayor impedimento para mejorar, evolucionar y lograr resultados es creer o pretender que ya lo sabes todo! Las personas que están convencidas de saberlo todo son las que más tienen que aprender. Este ejecutivo también decía que el líder debe hacer preguntas como un investigador o un científico, ¡no como un periodista!

—¿Eso qué diablos significa? —preguntó Carlos con una mezcla de curiosidad y confusión.

—El investigador o científico hace preguntas para llegar a la causa raíz, al quid de la cuestión. En cambio, el periodista (no todos, por supuesto), a veces hace preguntas para pillar a las personas, buscando los posibles titulares que más vendan.

—¿De qué tipo de preguntas estás hablando? —irrumpió Carlos, preocupado, en tanto que contenía sus pensamientos más pesimistas y oscuros: «Soy tonto, no me entero de nada. ¡No tengo remedio!».

—Bueno —reflexionó Hendo—, hay un par de ellas que todo líder debería ser capaz de hacerles a los integrantes del equipo en distintos momentos. Primero, la típica pregunta de siempre: ¿qué opinas? Y segundo, una que generalmente pasa desapercibida y frecuentemente se olvida: ¿qué sientes?

—¿Qué sientes? —exclamó Carlos nuevamente—. ¿En qué contexto, Hendo? No fastidies, ¡nunca le preguntaría eso a nadie! Ni siquiera a mis amigos...

—Escúchame, ¡es más sencillo de lo que piensas! ¡De veras! Así como la primera pregunta permite entender si la otra persona tiene cabeza y sabe razonar, la segunda permite entender qué motiva o no a los demás; permite entender qué los mueve, qué les gusta hacer y qué no. Por lo general, es muy difícil obtener una respuesta honesta y sincera cuando preguntas si los motiva o les gusta lo que están haciendo. En cambio, si preguntas cómo se sienten con relación a una cierta tarea, proyecto o iniciativa, te empezarán a dar algunos indicios para formular una primera hipótesis. ¿Entiendes lo que quiero decir?

—Hum..., no lo sé, Hendo —cuestionó Hannah con sarcasmo e ironía—, los científicos e investigadores no hacen preguntas tan emotivas, ¿o sí?

11

Regla 5: suministrar oxígeno para el alma

El último credo

—¿Por qué es importante el reconocimiento? —preguntó al grupo para inaugurar el último bloque de la jornada.

Puesto que anticipaban que iban a terminar y salir un poco más tarde de lo previsto, varias personas se envalentonaron y se lanzaron al ruedo sin hacerse esperar, para no extender aún más la conversación en el tiempo.

«Porque acerca a las personas y construye confianza», «Ayuda a tender puentes y fortalecer lazos», o «Para no centrarse sólo en lo negativo» fueron algunas de las respuestas que resonaron a través de la sala.

—¿Algo más? —preguntó Hendo mientras ganaba tiempo para comprobar el estado del proyector y mostrar una de las diapositivas que tenía preparadas para este capítulo.

En la diapositiva se leía lo siguiente:

> «Puedo vivir dos meses con un buen cumplido».
>
> Mark Twain

Tras dejar que observaran, leyeran y reflexionaran sobre el contenido de la diapositiva, les preguntó cuáles eran sus reacciones a esas palabras.

Johnny se ofreció para responder, provocando risas al decir lo que tenía en mente:

—Sólo puedo decir que soy más resistente que el señor Twain, porque hace años que nadie me dedica un piropo y, aparentemente, no estoy tan mal...

—Vaya, amigo —comentó alguien en la sala—, ¿ni siquiera en casa te hacen cumplidos? ¡Estás jodido!

Entusiasmada por el tema, Hannah se abrió paso entre las risas que se habían asentado en la sala y remarcó:

—¡Estas palabras me hacen pensar en mis propios límites!

—¿Límites? —interrumpió Johnny, buscando atención—. ¿En qué sentido?

—Pues, muy sencillamente, estoy pensando en la última vez que mi jefe me dio reconocimiento o *feedback* positivo. Es un poco triste y frustrante, pero, la verdad: ¡no me acuerdo!

Aunque más tarde se reprocharía no haber profundizado en estas ideas que consideraba valiosas, Hendo decidió acelerar y continuar; la idea de ver la recta final de la jornada siempre le hacía ilusión. En ese momento, rememoró un par de ideas y experiencias personales que lo llevaron a abrirse, a sentirse vulnerable y exponerse un poco más de lo que hubiera querido.

Comentó que no recordaba la primera vez que había leído las palabras de Mark Twain ni dónde las había encontrado. No obstante, confesó que se le habían quedado grabadas en la memoria desde el primer momento, que las llevaba siempre consigo y que había reflexionado muchísimas veces sobre el significado de esas ocho palabras: «Puedo vivir dos meses con un buen cumplido». Y que, finalmente, creía haber encontrado su verdadero significado.

—Creo profundamente que estas palabras albergan un mensaje clave para los líderes empresariales de hoy en día que estén interesados en sacar el máximo provecho de las personas de su equipo —continuó con fervor y convencimiento—. Seguramente, Mark Twain tenía algo completamente distinto en mente al escribirlas por primera vez; sin embargo, me tomo el atrevimiento de recoger el guante y usarlas para profundizar en un tema esencial en el ámbito del liderazgo: la gestión de equipos y personas.

Casi todos escuchaban atentamente, a excepción de algunos que tenían la cabeza en otra parte. Por la hora del día y el punto en el que se encontraba la sesión, Hendo decidió no intervenir. Lo mejor que se le ocurrió fue continuar con las ideas que tenía en mente y lanzar un reto al grupo:

—Quisiera que cada uno de vosotros os hicierais una pregunta: ¿Cuánto tiempo puedo vivir yo con un buen cumplido? ¿Cuánto tiempo puede pasar hasta requerir uno nuevo? ¿Quizá una semana? ¿Un par de ellas? ¿Un mes? ¿Un poco más? ¿Un poco menos?

Hendo notó el esfuerzo mental en el rostro de los participantes, lo que dio pie a una marea de mudez que ocupó toda la sala. Este silencio sólo se rompió cuando escribió unas palabras en una nueva hoja en blanco del *flipchart*:

PROPORCIONAR ORIENTACIÓN Y DIRECCIÓN A TRAVÉS DEL RECONOCIMIENTO

En un tono conciliador, empático y creíble (o al menos eso pensó él), planteó lo que tenía en mente al decir:

—Esas ocho palabras escritas por Mark Twain enfatizan lo relevante que es tomar consciencia de la importancia del reconocimiento. Es imprescindible que un líder sepa cuándo y cómo reconocer el valioso trabajo, esfuerzo y resultados de sus colaboradores y de aquellos que lo rodean. Por encima de todas las cosas, es imprescindible que un líder proporcione orientación y dirección a cada persona del equipo para que mantengan el rumbo y el ritmo de trabajo deseado. Lo que quiero decir es que no se trata de reconocer para hacer sentir bien a las personas. Se trata de reconocer para proporcionar orientación, asegurar el desempeño y garantizar la consecución de resultados.

—¿Todas las personas del equipo necesitan reconocimiento? ¿Hay personas que no lo necesitan? —intervino Juan, confundido—. ¿Cuál debe ser la frecuencia?

Natalia miró a Juan como si fuera un extraterrestre. Sin poderse resistir, explicó:

—Ya hemos escuchado la respuesta a eso un par de veces, Juan. Cada persona es un mundo. Cada persona tiene preferencias distintas, no hay una sola fórmula o ecuación que le sirva exactamente a cada persona, ¿no es así?

Hendo dio la razón a Natalia y se dirigió a Juan y al resto del grupo:

—Creo que hay dos puntos clave a considerar. Primero, volvamos a la premisa fundamental de la gestión de personas: al liderar con efectividad, hay que invertir en conocer a cada miembro del equipo y entender sus necesidades individuales. Algunas personas requieren reconocimiento frecuente para mantenerse motivadas, mientras que otras pueden sentirse incómodas con demasiada atención. Adicionalmente, al conocer las expectativas y preferencias de cada persona del equipo, será más fácil discernir cuánto reconocimiento y orientación precisan, y de qué tipo. Y lo segundo, os recuerdo que, al menos desde un punto de vista psicológico, se dice que las personas más difíciles de apreciar o reconocer son, generalmente, ¡las que más lo necesitan! Por ende, no debemos caer en la trampa de asumir que las personas difíciles, toscas, serias, reservadas, entre otras, no lo necesitan. ¡La mayor parte de las veces es justo lo que les hace falta!

Por la seriedad e inexpresividad momentánea de las caras que lo miraban, Hendo intuyó que sería útil recurrir a un ejemplo para resaltar aún más la relevancia del reconocimiento:

—¿Alguien aquí se acuerda de quién fue el decimosexto presidente de Estados Unidos?

«*What?*», pensó Hannah, entornando los ojos y mirando de reojo a sus compañeros con un evidente semblante de perplejidad para ver si alguien más estaba tan confundido como ella.

Nadie se atrevió a decir ni responder nada.

—Perdón, ya veo que ha sido un poco extraña la pregunta... —instó Hendo, riéndose de sí mismo y aguantando un «Vaya, ¿por qué ponéis caras largas?». Luego continuó—: En unos segundos entenderéis por qué he hecho la pregunta, así que me explico: en 1865, el señor Abraham Lincoln recibió un disparo en un teatro en Washington y lamentablemente murió a la mañana siguiente. Es una persona que ha dejado un legado imborrable en el tiempo; como un árbol milenario, antiguo y robusto de miles y miles de años. No obstante, ésa es la parte que todos conocéis. Por lo tanto, os cuento la parte de la historia que es menos popular.

«¿Con qué historia saldrá este hombre ahora?», pensó Carlos, quien ya tenía medio cuerpo (y la cabeza) fuera de la puerta, esperando ansiosamente el final de la jornada.

—La noche que le dispararon, llevaba consigo varios objetos en su bolsillo. ¿Alguna idea de cuáles podrían ser? —preguntó Hendo, con la voz cargada de intriga. Al ver que el grupo no daba señales de vida, Hendo se respondió a sí mismo, decidido a no perder impulso ni tracción—: Dicen algunos historiadores que tenía cinco objetos: una cartera con algo de dinero, un reloj de bolsillo, unas gafas, una navaja y un pedazo doblado y arrugado de papel de periódico que contenía un artículo con el siguiente título: «Lincoln, el presidente más grande que jamás haya existido».

Algunos se mostraban incrédulos, otros paralizados y dudosos. El grupo se encontraba como si hubiera sido víctima de un baldazo de agua helada.

—¿No os parece curioso este hecho? —exclamó Hendo tras unos segundos, mientras atenuaba el tono de su voz aún más para impregnar su mensaje con una pizca de enigma y misterio.

—¿Por qué llevaba el artículo? —preguntó alguien desde una de las mesas.

—Pensemos en eso por un segundo. ¿Por qué una persona tan exitosa, conocida y magnánima como Lincoln llevaba consigo un pedazo de periódico sucio, doblado y arrugado que hablaba sobre él?

Contra todo pronóstico, Hendo se vio arrollado por un bombardeo de ideas y respuestas variopintas. Soltó una carcajada y pensó: «¿Y ahora qué les pasa a todos?». No dejaba de sorprenderle la impredecibilidad que podía surgir de un grupo de personas en momentos como éste.

Mientras esperaba a que el grupo volviera a su estado previo de silencio y quietud y a que los más habladores se calmaran, Hendo se acercó al *flipchart* y empezó a escribir algo más. Las palabras acumuladas y apiladas a lo largo del día comenzaban a formar una extraña nube que contenía una tormenta de conocimiento sobre liderazgo y gestión de equipos.

Hendo anotó el término *serotonina* y luego se dirigió al grupo:

—¿Alguno de vosotros está familiarizado con esta palabra?

Juan, aliviado y emocionado, comentó:

—Es como la dopamina, ¿no es verdad? Nos puede dar un buen subidón...

—Sí, yo tengo más o menos el mismo entendimiento al respecto. La serotonina está relacionada con el control de las emociones, el estado de ánimo y más —dijo Natalia tras aclararse la garganta, sumándose a la conversación.

Antes de que alguien más pudiera pronunciarse, Hendo intervino y los llevó al punto clave:

—En esencia, la serotonina es la hormona del reconocimiento. ¡Siempre lo ha sido! Incluso hoy en día nos sentimos como hace miles de años: es algo que está integrado en nuestra biología desde que tenemos memoria. Me explico: hace miles de años, cuando los cazadores de las tribus volvían después de la caza, los demás los vitoreaban y elogiaban por su esfuerzo y por traer la presa que alimentaría al grupo durante los siguientes días y semanas. En consecuencia, los cazadores, por lo general hombres toscos, fuertes y burdos, se sentían bien recibidos, vistos, apreciados y reconocidos. ¡Es exactamente la misma sensación que seguimos experimentando en la actualidad en distintas situaciones! Por ejemplo, cuando publicamos cierto contenido en una plataforma de redes sociales y recopilamos *likes*, o cuando conocemos a una persona atractiva por primera vez y nos sonríe, o cuando entregamos un informe a tiempo y recibimos una palmadita en la espalda. En cada una de estas situaciones, y en muchas más, nos sentimos vivos, vistos, apreciados y reconocidos. En esos momentos específicos, nos da un subidón repentino que nos hace sentir bien, a gusto, aunque sea por unos pocos segundos. El sentimiento positivo que acompaña esto no es más que una consecuencia directa de las inyecciones naturales de serotonina que momentáneamente irrumpen y se apoderan de nuestro sistema.

—Es lo que nos hace sentir humanos, ¿no? —intervino Hannah de forma accidental, sin querer hacerlo.

Hendo asintió y completó la idea:

—Sin este tipo de reacciones, sin estos sentimientos y emociones, muy fácilmente se nos categorizaría y etiquetaría como seres fríos y desalmados. La hormona del reconocimiento es la que nos hace sentir vivos. Todos la queremos, la anhelamos, la deseamos. Cuando algo o alguien nos priva de ella, sufrimos de una forma casi equiparable a la falta de oxígeno. ¡Es justo eso! El concepto es comparable a tener la cabeza bajo el agua durante unos minutos. Finalmente, se llega a un punto en el que el cerebro alerta al cuerpo de que es momento de sacar la cabeza del agua y robar aire sin piedad para poder sobrevivir.

Éste parecía ser sólo uno más de tantos mensajes que Hendo había transmitido durante la jornada. Sin embargo, era uno de los más importantes del día, y a Hendo le agradó ver la reacción positiva del grupo. Parecían satisfechos, enganchados y motivados por la conversación del momento.

Desde el fondo de la sala, una persona que lo escuchaba con atención le hizo una señal de aprobación que no pasó desapercibida: una sonrisa acompañada de un gesto con la mano derecha indicando el pulgar hacia arriba. Tras esa señal de aliento y ante la creciente presión de terminar los puntos de la agenda, Hendo reflexionó y escogió con cuidado sus siguientes palabras.

—¡El reconocimiento por parte del líder es como oxígeno para el alma! El reconocimiento bien dado tiene una amplia variedad de ventajas en el trabajo. ¿Cuáles se os ocurren? —preguntó Hendo con entusiasmo.

Aunque no era lo que esperaba escuchar, las respuestas no se hicieron esperar:

—¡Pero no siempre es así! —añadió Carlos sin poder contenerse—. Hay veces que el reconocimiento no funciona para nada.

—¿Cuándo crees que ése es el caso? ¿Por qué crees que hay veces que no funciona? —respondió Hendo, refrenando un pensamiento exasperado: «¡Dios! ¡Aquí vamos de nuevo!».

—¡El café para todos, o el chocolate para todos, simplemente no funciona! —exclamó Carlos con vehemencia.

Positivamente sorprendido por la claridad de las ideas presentadas por Carlos, Hendo recapacitó y pensó: «Esta vez el hombre tiene su punto». Luego anotó un par de palabras en el *flipchart* que decían lo siguiente:

ESPECÍFICO + INTENCIONAL + POR QUÉ

—Bien, veamos... —comentó—. En vez de decirle a un colaborador o a una persona del equipo: «Buen trabajo», es más valioso (para el colaborador) decir algo como: «Durante la presentación del informe al comité, gestionaste sus preguntas y dudas con un nivel de detalle que aportó mucha seguridad y tranquilidad. Esto les dio mucha credibilidad a las ideas presentadas. Se notaba que ibas muy bien preparada. La próxima vez, prepárate de la misma forma porque, sin duda alguna, se ven los resultados del esfuerzo hecho antes de la presentación».

Después de poner el ejemplo, Hendo explicó que cuando el mensaje es específico y detallado (en vez de la clásica y típica palmadita en la espalda generalizada), éste aporta mucho más valor a la persona, dado que la próxima vez sabrá exactamente qué tiene que hacer (o evitar) para marcar la diferencia en esos momentos específicos del día a día en el trabajo, seguir apuntando en la dirección correcta y garantizar un nivel adecuado de desempeño para lograr los resultados deseados. Además, cuando el reconocimiento es específico e intencional, arroja luz sobre puntos ciegos, es decir, acciones, conductas o comportamientos de los cuales no somos conscientes. ¡Al volverlos conscientes, podemos usarlos aún más para aportar todavía más valor! Y el impacto no termina ahí; cuando los demás conocen aquellas acciones o comportamientos que aportan valor (al líder, al equipo, a la organización, al cliente), por lo general, se llenan de confianza y, al realizar el trabajo con confianza, pueden dar rienda suelta y liberar su máximo potencial.

—¿Y por qué es importante el porqué en este caso? —preguntó una de las voces en la sala.

Hendo explicó que hay una gran diferencia entre explicar el porqué de algo y decir: «Porque sí». En otras palabras, aclarar el porqué permite contextualizar las cosas y ayudar a entender por qué es relevante realizar ciertas tareas o poner en práctica ciertas conductas. Por el contrario, decir: «Porque sí» es, simple y sencillamente, una señal de poder y tiranía que suele ser mejor evitar. ¡Principalmente porque a nadie le gusta que le digan cómo hacer las cosas!

Adoración y magia

—Oye, Hannah, ¿tú tienes hijos? —preguntó Carlos en voz baja para no interrumpir la conversación del grupo.

—¿Qué? —chilló Hannah incrédula—. No. ¿Por qué la pregunta?

—Por nada... Pero imagino que sabes quién es Pinocho, ¿no?

—¿Tú estás bien de la cabeza, amigo?

—Déjame explicarte —susurró él—. Es que la conversación anterior me hace pensar en ello...

—¿En el maldito Pinocho? Madre santa, ¡estás loco! De veras...

—No estoy bromeando —dijo entornando los ojos y alzando los hombros—. El otro día estaba viendo la película de *Pinocho* con mi hijo y me hizo una pregunta que no supe responder: ¡ya sabes cómo son los niños! ¡Lo preguntan todo!

—¿Qué fue lo que te preguntó?

—Me preguntó: «¿Cuál es el origen de la historia?». ¿Puedes creerlo?

—Ya —respondió Hannah con una carcajada—. ¿Y qué le dijiste?

—Pues, le mentí. ¿Crees que soy un cretino por mentirle a mi hijo de seis años?

Sin decir nada, Hannah le lanzó una mirada que insinuaba claramente lo que estaba pensando: «No, no creo que seas un cretino. ¡Creo que estás loco de remate!».

—Después de leer un rato al respecto, me topé con algo interesante —comentó Carlos sin esperar respuesta para seguir la conversación y desahogarse con lo que quería contar—. El origen de la fábula es una historia griega sobre un rey que se obsesionó con una estatua de una diosa que él mismo había tallado en piedra. Le dedicaba horas y horas del día a contemplarla, y le endulzaba el oído con halagos y piropos de todo tipo, fruto de su incontrolable, irrefutable y ferviente obsesión con aquella estatua fruto de su propia creación. Y, finalmente, un día, ¡la estatua cobró vida!

—¿Lo leíste o lo soñaste? —cuestionó Hannah con ironía.

Carlos continuó e intentó relacionarlo con lo que Hendo estaba explicando:

—Y luego leí la conexión que tiene con el liderazgo y la gestión de equipos. Decía que cuando las expectativas del líder hacia una persona con la cual trabaja son altas, entonces el líder cree más en las posibilidades de esa persona, lo cual la inspira y la llena de confianza, y esto da como resultado un mayor rendimiento. Y viceversa: cuando las expectativas son bajas, la persona puede desconectarse, perder confianza y, en consecuencia, rendir menos.

—Y entonces, ¿qué es lo que estás tratando de decirme?

—Muy simplemente, creo que hay un mensaje relevante y útil que se puede sacar de todo esto: como líderes, es clave confiar en las personas del equipo, apoyarlas y ayudarlas a crecer y evolucionar. Además, si se les reconoce su esfuerzo y resultados, seguramente se sentirán satisfechas y orgullosas de su aportación al equipo. Esa confianza generada durante el proceso es la gasolina que mantiene la motivación ardiendo durante más tiempo. ¡Sólo eso! ¿Crees que tiene sentido?

Final de día

«Cuando todo está dicho, no hace falta decir más. En ese instante, hay que dar paso al hacer —pensó Hendo—. El conocimiento sin acción es como un avión con una sola ala.»

Después de pedirle a cada persona que pensara en un compromiso individual para aplicar alguna de las lecciones aprendidas, aprovechó para recordarles una de sus máximas:

—El liderazgo es un viaje, un proceso de evolución, una gran curva de aprendizaje que nos lleva a pensar que la clave es evolucionar paso a paso y día tras día. ¿Cómo se recorre esa curva? De la misma forma como se escribe un libro: palabra por palabra. De la misma forma como se corre un maratón: paso a paso. De la misma forma como se construye una casa: ladrillo a ladrillo. ¿Cuál es el valor de esta filosofía? El liderazgo y la vida profesional es la suma de todas nuestras acciones; es aquí donde yace el valor y la riqueza de lo que llamo *la suma de todas las partes*. Hay que empezar con una pequeña idea y, luego, llevarla a la acción. Al cabo de cierto tiempo, esa acción se convierte en un hábito o conducta. Y, luego, ese hábito es el que define el futuro. Como dicen los expertos, no definimos ni elegimos nuestro futuro: definimos nuestros hábitos. Son éstos los que determinan nuestro futuro. No importa si la evolución es lenta y atropellada; se supone que debe ser de esta forma. Lo verdaderamente relevante es no quedarse parado ni dar pasos hacia atrás. Aquellas personas que caminan despacio, pero de forma segura, ¡siempre llegan donde quieren!

Con estas palabras, Hendo cerró su sesión, dejando a los participantes con la motivación y el compromiso de aplicar lo aprendido, paso a paso, en su vida diaria y profesional.

TERCERA PARTE

EL INICIO DEL FINAL

La sociedad con frecuencia perdona al criminal, pero nunca perdona al soñador.

OSCAR WILDE

12

Algo personal e ilusorio

Llamada perdida

Hendo se sintió más solo que nunca una vez que todos los asistentes se retiraron de la sala. Ni siquiera sus propias ideas ni su alma, rebelde e independiente por naturaleza, le hacían compañía. Aunque le revolvía el estómago, y ya que sabía de qué se trataba, ahora sólo le quedaba una cosa más por hacer: responder las múltiples llamadas que había recibido durante las horas de la tarde. «¡A ver qué me depara el futuro!», se animó a sí mismo, tratando de encontrar coraje para afrontar el reto que, seguramente, le había preparado el destino.

No podría haber imaginado lo que estaba a punto de escuchar. Respiró profundamente para encontrar fe en al aire a su alrededor, cogió el teléfono, marcó y susurró:

—Soy yo.

—Lo sé —respondió una voz triste y melancólica al otro lado de la línea, a miles de kilómetros de distancia emocional.

—¿Qué te ha dicho el médico...? Por favor, dime que no es cierto...

—Lo siento, Hendo —musitó con un nudo enorme en la garganta, y aún más grande en el corazón—. De verdad lo siento.

—Ya no hay nada que sentir. Y nada que hacer, está todo hecho.

Silencio.

—Seis meses de vida, Hendo..., eso es lo que le han dado —volvió a decir ella, sin poder terminar la frase antes de romper en llanto.

Hendo sintió que su corazón se encogía. Las palabras se le atascaban en la garganta, incapaces de salir.

—Estoy aquí contigo —logró decir finalmente, con la voz quebrada—. No estás sola.

Ella respiró profundamente mientras intentaba recuperar la compostura:

—Yo tampoco sé qué decir.

—Lo que necesites, en cualquier momento. Siempre estaré aquí para ti —prometió, sintiendo una profunda tristeza y una conexión renovada con alguien que había sido una parte importante de su vida.

Se quedaron en silencio un momento más, compartiendo el dolor y la tristeza a través de la distancia. Era un instante de vulnerabilidad, un recordatorio de lo frágil que puede ser la vida y de lo valioso que es cada momento compartido con las personas que creemos que amamos. También era un recordatorio de las máscaras que usamos al enfrentarnos al mundo exterior y de la vergüenza que sentimos al intentar ocultar nuestra verdadera identidad: para el mundo, Hendo era un experto, un recurso, un profesional, un consultor, un facilitador. Pero, en realidad, sólo era una persona más que sufría por sus seres queridos, por todo lo que no podía tener y todo lo que no podía resolver.

—¡Esto no puede ser en serio! ¡No puede ser real! —exclamó Hendo, cuestionando el universo y la vida con todas sus fuerzas—. ¿Por qué a nosotros? ¿Por qué a ti? ¿Por qué a mí? ¿Por qué a él?

—No lo sé —gimió María, tratando de explicar lo inexplicable mientras las lágrimas corrían por su rostro—. Es sólo un niño, sólo tiene 5 años, ¡tiene toda una vida por delante!

Hendo rompió a llorar como una criatura perdida en la oscuridad. Pero María, su expareja, interrumpió su llanto con una ráfaga de ira y frustración:

—¿Sabes qué? Deberías estar aquí con nosotros, con él. ¡Te

necesita! En unos meses no estará, pero es tu hijo, ¿lo entiendes? ¡Contigo siempre ha sido igual! Lo único que te importa es tu propia vida, tu trabajo y tus clientes. ¡Yo no me merezco esto! ¡Mi hijo tampoco! ¡Pero tú, sí!

Hendo reprimió su respuesta con todas sus fuerzas. Antes de poder pronunciarse, se encontró hablando solo, sin saber, una vez más, qué hacer con su maldita vida...

Medicina

Finalmente, Hendo se retiró para reflexionar sobre su vida y todo lo que acababa de escuchar. Sin gran éxito trató de pensar, pero su cabeza simplemente no funcionaba. Aquella relación que un día, como un relámpago, había iluminado el cielo y luego había chocado y explotado contra el universo, le había cambiado la vida por completo.

Todavía no sabía cómo gestionar y controlar sus emociones al respecto.

«¿Cómo pude ser tan imbécil? —se reprochó, flagelándose psicológicamente sin piedad—. ¿Cómo es posible que no haya visto las señales? Nunca nada de esa mujer tuvo sentido.»

El dolor y la confusión lo abrumaron por completo. Intentaba encontrar respuestas en el torbellino de sus pensamientos, pero lo único que veía era más caos. Se sentía perdido, incapaz de reconciliar el presente con el pasado. Los recuerdos de momentos felices se mezclaban con los de las peleas y la ruptura, y esto le creaba una tormenta emocional que parecía no tener fin.

Hendo sabía que necesitaba encontrar una manera de avanzar, de lidiar con el sufrimiento y de ser fuerte. Pero en ese momento, todo lo que podía hacer era dejarse llevar por la tentación de tomarse una botella de whisky y rogar que eso ayudara a aplacar el dolor.

Se dirigió al bar y pidió una copa. Miró el líquido a través del cristal y, con una mano temblorosa, se llevó el vaso a los labios.

«¿Es esto lo que necesito? —pensó—. ¿Es ésta la forma como los humanos afrontamos los problemas de la vida?»

Por más que lo intentó, no pudo salir de su cabeza: estaba más ensimismado que nunca y sintió como si estuviera completamente solo en el mundo. Las voces en su mente lo acosaban, abusaban de él como un depredador de su presa, como un agresor de su víctima, como el Estado del ciudadano, como el rico del pobre. En ese momento, nada ni nadie podía salvarlo, excepto aquel vaso de whisky que actuaba como la mejor de las medicinas.

Unos segundos más tarde, el ruido de la televisión del bar en el que se encontraba comenzó a sacarlo lentamente de su trance personal. «Pero ¿cómo es posible?», se dijo a sí mismo en voz alta, con rabia, tras escuchar al presentador de noticias decir que entre cuatro y cinco millones de niños mueren cada año.

El camarero, que lo escuchaba desde la esquina de la barra y había notado su frustración, respondió confundido:

—¿Perdone? ¿Me ha dicho algo?

—Nada, nada —exclamó Hendo con una sonrisa mentirosa que olía a nostalgia, ira y resignación—. ¡El mundo está patas arriba! ¿No cree?

—¿Por qué lo dice?

—Pero ¿no ha escuchado lo que decían en las noticias? ¿Acaso está sordo? ¿A usted no le importa? ¡Son cinco millones de niños y niñas que mueren indefensas cada año a nuestro alrededor! ¡Y nadie hace absolutamente nada al respecto! ¿Puede creerlo? ¿Sabría usted decirme cuánto es eso por minuto?, ¿por segundo? —ladró, ahora un poco agobiado, a punto de perder los papeles y quedar como un loco.

—No, perdone, pero no lo había pensado... —respondió el camarero mientras servía una cerveza a otro cliente que acababa de llegar, conteniendo un «¿Y a éste qué bicho lo ha picado?».

Hendo no se rendía muy fácilmente, así que continuó con su desahogo relámpago y su pataleta de turno, sin darse cuenta de que nadie le prestaba atención.

—¿Qué valor tiene lo que hacemos, nuestro trabajo, en esta ciudad, en este mundo, que necesita algo completamente distinto por parte de todos? ¿Alguien me lo puede decir? ¿No es una tontería y una auténtica pérdida de tiempo pasar el día hablando sobre liderazgo a un grupo de personas que lo único que necesitan es un poco de educación y madurez para lidiar con las pequeñas cosas que ellos mismos llaman *problemas*?

—Perdone, señor, ¿desea usted otra copa? —fue lo único que el camarero pudo (y supo) decir para no parecer antipático y poco servicial.

Por unos segundos, que muy rápidamente se convirtieron en horas, Hendo volvió a quedar recluido en la prisión psicológica que existía en su cabeza.

Sólo al día siguiente, temprano por la mañana, logró (parcialmente) salir de allí.

13

Vuelta a la realidad

Postaller

De regreso en la oficina, incluso Hannah se quedó sorprendida por la situación que encontró. Apenas encendió su ordenador y revisó su bandeja de entrada, le llamó la atención un correo de Vladimir. Su título la hizo darse cuenta de que algo andaba mal.

El e-mail decía:

> Espero que el taller haya ido bien y que hayas traído de vuelta algunas lecciones y aprendizajes valiosos. Los necesitarás. Llámame en cuanto puedas, por favor.

Hannah sintió un nudo en el estómago al leerlo. La urgencia del mensaje de Vladimir la inquietó más de lo que imaginaba.

Futuro inmediato

—No me gusta decir esto y no es lo que tenía en mente para mi futuro inmediato, Hannah —musitó Vladimir encogiéndose de hombros, visiblemente desolado.

Hannah se imaginó lo peor. «Han echado al tipo. ¡Finalmente!», pensó.

—Sé que había algunos rumores al respecto y que algunas personas hablaban acerca de una posible salida. —Vladimir hablaba con dificultad, como si no creyera sus propias palabras—. Te lo confirmo: los rumores no eran falsos. Hace unos meses postulé a una posición de director general en una empresa competidora aquí en la ciudad. Pero no he conseguido el puesto. ¡Se lo han dado a otro! Por lo tanto, seguiré aquí con vosotros...

Al darse cuenta de que fruncía el ceño y entornaba los ojos, Hannah se forzó a sonreír, sacando una de sus expresiones de protocolo para no parecer desinteresada ni antipática.

—Lo siento, Vladimir. Espero que todo vaya bien. ¡Lo que necesites, no dudes en decírmelo!

—Bien, pues a trabajar. Ya has tenido suficiente descanso. Ponte con el plan que acordamos el otro día. Necesito que me aclares cuál es la situación lo antes posible. ¿Entendido?

Secuelas

Como al final de cualquier jornada laboral, Hannah se encontraba en su despacho. Su aspecto y sus ojos vidriosos mostraban claramente su cansancio: el ajetreo del día le había vuelto a pasar factura. Con una rápida mirada a su alrededor, por encima de la pantalla del ordenador, se dio cuenta de que casi todos se habían ido. «Esto es insostenible, no puedo seguir así...», se dijo, intentando evitar que sus pensamientos se dispersaran y tener que pasar aún más tiempo en aquel lugar.

«¿Por qué me queda todavía tanto por hacer?», se preguntó a sí misma, dándose cuenta de que si quería salir de allí a una hora decente, tendría que elegir sabiamente sus batallas, priorizar y olvidarse de completarlo todo y tenerlo todo bajo control.

Tras un par de suspiros, se le hizo evidente que no lograba avanzar: había algo en su mente que la inquietaba. En su memoria, después del taller, se había sentido cómoda y motivada. Durante los primeros dos o tres días posteriores, recordaba su intención de aplicar muchas de las enseñanzas, ideas y herramientas que había aprendido. De hecho, estaba ilusionada porque había identificado exactamente qué quería mejorar y había establecido un plan con plazos claros para hacerlo. Sin embargo, esa sensación de motivación, confianza y determinación se había desvanecido rápidamente. El deseo de mejorar no era ya sino un recuerdo para ella.

Ahora se encontraba en el otro extremo del espectro: estaba de vuelta en la situación inicial, agobiada, frustrada y estresada. El día a día seguía siendo el mismo, se presentaba lleno de problemas y urgencias que la atormentaban de una forma que no sabía gestionar. Se sentía perdida, nuevamente, como en un callejón sin salida o una espiral descendente que se hacía cada vez más estrecha, impidiéndole respirar, pensar y moverse libremente.

Una pequeña parte de ella quería creer que superaría los múltiples retos del día y la empujaba a no echar a perder todo lo bueno que había aprendido. «Necesito ayuda —reflexionó—. No está mal pedir ayuda, ¿verdad?»

Altibajos

—Es lo normal: pensar que todo es complicado y que nunca hay tiempo para nada hace que las personas se resignen —escuchó que le decía una voz misteriosa y profunda que se parecía a la de Hendo—. Es la vía fácil.

—Y entonces, ¿cuál es la solución? ¿Qué puedo hacer? —preguntó Hannah con una actitud derrotista, aferrada al móvil y a la voz del otro lado de la línea como si fuera su única salvación en el mundo.

—Sólo tú podrás encontrar la solución, Hannah. Hay poco que yo pueda hacer por ti —respondió Hendo con un tono frío que se le escapó contra toda su voluntad—. Me imagino que no es el mensaje que quieres escuchar. Sin embargo, ten en cuenta lo siguiente: es difícil encontrar la solución dentro de ti y por tu propia cuenta, pero es imposible encontrarla en otro lugar...

El mensaje encriptado le generó mala sensación. Decepcionada, buscó algo más e insistió al preguntar:

—¿Qué quieres decirme, Hendo?

Como una helada invernal que congelaba todo a su paso, una tensión abrumadora y pesada silenció y monopolizó el ambiente a ambos extremos de la línea telefónica, hasta que Hendo la rompió con una pregunta que Hannah tampoco supo descifrar:

—Si pudieras hacer una sola cosa para empezar a cambiar y mejorar, ¿cuál sería? ¿Por dónde empezarías?

Completamente inmóvil e incapaz de responder rápidamente, Hannah se vio abrumada por una mezcla de emociones y pensamientos que la hicieron sentirse diminuta e ignorante por un instante. Lo único que supo hacer fue defenderse con otra pregunta:

—¿Crees que la actitud que tengo hacia mi trabajo es una buena opción?

—¿Me lo estás diciendo o me lo estás preguntando? —replicó Hendo.

Evitando responder directamente, Hannah le siguió la corriente para sentirse menos estúpida:

—Creo que necesito mejorar mi actitud hacia el trabajo. ¡Ahí está la clave! Hay días en que tengo recaídas, ¿sabes? Eso no es bueno, no me ayuda para nada... —Reordenando sus ideas, Hannah continuó—: Mi cabeza a veces se transforma en un barrio muy peligroso del que no puedo escapar.

—¿A qué te refieres?

—Por lo general, estoy muy ensimismada, Hendo: cuando me meto en mi cabeza, no salgo de ahí. Puedo pasar horas, semanas y meses perdida en mis pensamientos. Ya te imaginarás lo que pasa si las ideas no son buenas, si empiezo a escuchar las voces tóxicas, negativas y críticas en mi mente...

—Es muy valiente por tu parte reconocer esto —intervino Hendo con una pizca de condescendencia que le resultó extraña—. Reconocer los fallos es el primer paso para combatirlos. ¡Vas por buen camino!

Hannah entornó los ojos y resopló con fuerza, como si expulsara las malas energías de su cuerpo para dar lugar a la energía positiva que necesitaba en su alma.

—¿De verdad lo crees?

—No lo creo, lo sé. La gran mayoría de las personas pasa su vida adulta sometida a las mentiras de su propia mente. Somos víctimas y esclavos de nuestra imaginación. Séneca dijo una vez que algunos son esclavos del miedo, otros del estrés, de la pereza, de la lujuria, de la ira, de la soberbia o de la avaricia. Pero no hay esclavitud más deshonrosa que la que nosotros mismos nos imponemos. Y tú eres una esclava de tus sueños, Hannah. Es brutal lo difícil que es para muchos ver la realidad de forma objetiva. Por eso es tan importante confrontarla. ¿Hay algo que te sirva a ti para luchar contra las voces e ideas de tu imaginación?

Por el profundo silencio, Hendo no pudo decir si Hannah estaba pensando o dejándose llevar por la angustia y la frustración.

Finalmente, haciendo un esfuerzo descomunal por enfocar sus pensamientos, Hannah exclamó:

—No sé si te voy a poder responder algo con sentido, Hendo. Cuando siento que estoy agobiada y a punto de perder la paciencia, me recuerdo una frase que mi abuela solía decirme cuando era niña: «Primero lo primero, y luego lo segundo»... ¿Me entiendes?

Hendo asintió y sonrió:

—Te entiendo. No hay una sola medicina para todos los males en esta Tierra...

—¿Qué quieres decir con eso?

—Me refiero a que tienes que hacer lo que te sirva y funcione a ti, Hannah. Pero úsalo y aplícalo conscientemente si sabes que te funciona. Recuerda que tú misma me dijiste algo similar hace unas semanas. ¿Te acuerdas?

—¿El qué?

—Tú me dijiste que podíamos comparar la importancia de respirar conscientemente durante el ejercicio, especialmente cuando estamos agotados, con la necesidad de recordar principios básicos al trabajar bajo presión en equipo. Ambos casos muestran cómo el estrés puede hacer que olvidemos prácticas fundamentales que mejoran el rendimiento. ¿Eso te ayuda a hacer memoria?

Despertar

Él se acercó a ella, le enlazó los brazos por debajo de su cintura y la apretó con fuerza. Luego le dijo con voz calmada:

—¡Ánimo! ¡Tú, mejor que nadie, conoces el camino! Sabes que puedes con esto, ¿no es así?

Ella asintió, sintiendo una oleada de gratitud y claridad mientras Hendo comenzaba a desvanecerse en una bruma dorada.

En ese momento, Hannah sintió una ligera sacudida y despertó bruscamente en su cama. La luz de las farolas de la calle se filtraba a través de las cortinas. Se sentó, aún con las emociones y las lecciones del taller soñado resonando en su mente. Tomó un sorbo de agua para humedecer el paladar, miró el reloj y se dio cuenta de que todavía era demasiado temprano.

Todo había sido un sueño, pero las sensaciones y los aprendizajes eran tan vívidos que se sentía como si realmente hubiera estado allí en ese taller.

En el momento más extraño e inesperado, Hannah sonrió, sintiendo una nueva determinación. «¿Por qué todos estamos empeñados en mejorar y cambiar el mundo, pero nunca decidimos cambiarnos a nosotros? —reflexionó, sin saber de dónde venía ese pensamiento—. ¿Acaso es tan difícil mirarse al espejo objetivamente y entender que el principal problema de este mundo somos nosotros?»

Epílogo

El final

> El proyecto más grande y más importante en el que trabajarás en esta vida eres tú.
>
> ANÓNIMO

MENSAJES FINALES

Si hay algo que te invito a que retengas de las páginas anteriores es lo siguiente:

- Nunca es tarde para crecer, madurar y evolucionar. El mejor momento para hacerlo fue ayer. El segundo mejor momento es hoy. Ahora. Si esto no está en tus planes o en tu lista de tareas, ya vas tarde.
- La culpa no siempre es del vecino, del de al lado o del jefe. La culpa, por lo general, es nuestra. Un célebre poeta árabe dijo: «No esperes a que el mundo cambie, sé el cambio que deseas ver». Puedes interpretar esta frase a tu manera, pero yo la entiendo así: si quieres que algo cambie, empieza por cambiar tu mente. Aprende a confiar en ti mismo y encontrarás la dirección.

- Hay principios que un líder jamás debe eludir u olvidar cuando trabaja con su equipo. Irónicamente, se descuidan con facilidad cuando la presión, los plazos, las urgencias y la incertidumbre aparecen por sorpresa. ¿Por qué ocurre? Porque somos humanos. A modo de ejemplo, piensa en la habilidad automática y natural de respirar. Justo cuando estamos fatigados y cansados, necesitamos hacerlo más y de forma consciente. De lo contrario, nuestros pulmones y cuerpo comienzan a hacer sonar la alarma. Triste y desafortunadamente, los principios básicos de liderazgo y gestión de equipos funcionan de la misma manera. Hay que trabajarlos de manera constante para aplicarlos de forma consciente en esos momentos críticos del día a día en los que falta el oxígeno.
- La principal responsabilidad del líder no es lograr resultados a través de las personas y los recursos, sino con las personas. Esto significa que el líder, independientemente de su posición, jerarquía, cargo, experiencia, conocimiento, salario, credenciales o estatus social, sólo es uno más del equipo. Debe nivelar el campo de juego de tal forma que los demás no lo vean como un dios sobre un pedestal. Como dijo Gandhi, la mejor arma de un líder es «ser tan grande que todos quieran alcanzarte y tan humilde que todos quieran estar contigo». Hacerse grande es la parte fácil, especialmente cuando los resultados acompañan. No olvides la segunda pieza: hazte pequeño y humilde para ponerte al servicio de los demás y empatizar con las personas a tu alrededor. Esto es lo que llamo todos al servicio de todos, no todos al servicio del líder. Aquí yace la fuerza y el potencial ilimitado de la suma de todas las partes. No estoy diciendo ni insinuando que el líder formal debe renunciar o abdicar de su responsabilidad de garantizar resultados, tomar decisiones, definir un norte, marcar el rumbo, indicar el ritmo o asegurar la ejecución de los planes, entre otras tareas. No, para nada. Lo que quiero decir es que, por lo general, el mánager que se ve a sí mismo como la única cabeza pensante de un grupo de

adultos educados y preparados, seguramente limitará el potencial conjunto al ámbito de su propio conocimiento y experiencia. En cambio, el líder que desarrolla a las personas a su alrededor y reconoce el potencial y la capacidad intelectual de su equipo, será capaz de crear un ambiente de trabajo en el que todos contribuyan a cocrear un futuro (tanto inmediato como lejano) mejor que el que podría concebir un solo individuo. Basta recordar el principio que dice: «Dos cabezas piensan mejor que una».

- La práctica hace al maestro. Piensa en los atletas; una de las formas en las que entrenan para hacer que los músculos sean más rápidos, grandes y resistentes con el fin de maximizar el rendimiento es llevándolos al límite, e incluso más allá. Al hacerlo, los nervios comienzan a producir dolor, como resultado de las fibras musculares que lentamente comienzan a desgarrarse y romperse. Luego, un par de días después, las fibras se reparan, restauran y recomponen mucho más fuertes. Hay una lección aquí que está relacionada con todo tipo de habilidades, incluso las de liderazgo. Para desarrollar la fuerza necesaria para integrar nuevos comportamientos en tu forma de trabajar, para producir la mejor versión de ti mismo como líder, necesitas llevarte al límite de vez en cuando. Al principio, el cerebro señalará fatiga, incomodidad y confusión. Cuando esto ocurra, necesitarás encontrar la fuerza y la disciplina para seguir adelante. Pero al hacerlo, la próxima vez estarás mucho mejor preparado para abordar y realizar la tarea en cuestión. La naturaleza de la tarea no cambiará, pero tú estarás en un punto más avanzado para liderar y progresar. ¡Y los que te rodean en el trabajo, muy probablemente, lo notarán!
- El liderazgo (y la vida, en cierto sentido) es la suma de todas tus acciones. ¡Elígelas sabiamente! El desarrollo personal y profesional es un viaje único que cada persona vive y experimenta a su manera. En este recorrido, cada paso es una pieza esencial del rompecabezas de nuestra evolución individual. Todo comienza con un sueño, una idea

que, al transformarse en acción, se convierte en un hábito y posiblemente en nuestro legado personal. En la conjunción de conocimiento y acción es donde se generan resultados significativos y sostenibles. El liderazgo, en su esencia, es la suma de todos nuestros pensamientos, ideas, acciones y decisiones (la suma de todas las partes esenciales); es la culminación de mente, corazón y valentía.

- Recuerda los principios fundamentales para liderar al equipo, que son:
  - **Regla 1**. Aceptar el precio del liderazgo. El liderazgo no es fácil. Las personas dispuestas a asumir el rol de líder deberán estar dispuestas a pagar y asumir un precio de base: la crítica y el desacuerdo constante.
  - **Regla 2**. Liderar a las personas como personas, no como recursos. La honestidad, la humildad y la vulnerabilidad son esenciales para establecer una relación de respeto y confianza con los integrantes del equipo. Estos atributos personales son el núcleo de una de las reglas de oro del liderazgo: trata a los demás como desearías que te trataran a ti.
  - **Regla 3**. Encender la luz. Para desencadenar y liberar el potencial de las personas del equipo, es clave generar y verbalizar la línea de visión estratégica. ¿Cómo? Aclarando el porqué, el qué y el cómo de cualquier iniciativa, proyecto o tarea.
    - Corolario: en el mundo empresarial actual, los empleados o integrantes del equipo a menudo se sienten como si estuvieran en una habitación oscura. En este contexto, el paso lógico para el líder es proporcionar contexto y generar confianza. Sólo a través de esto, las personas encontrarán el coraje para movilizarse para la acción.
  - **Regla 4**. Promover el *engagement*, no el *disengagement*. Un líder puede hacer un gran esfuerzo para

convencer de sus ideas al equipo y, sin embargo, por bien que lo haga, el equipo podría pensar y sentir que le están intentando vender algo. En el caso contrario, un líder puede ordenar que se hagan cosas, realicen tareas, ejecuten planes de acción, gritando instrucciones a todo pulmón, a diestra y siniestra, sin parar. Pero, en este caso, lo máximo a lo cual el líder podrá optar es a una participación reticente. ¿Es éste el escenario ideal? Tal vez no. ¿Cuál es la alternativa? Implicar e involucrar. Es la forma de subir a las personas al carro, generar convicción y compromiso con la ejecución de las ideas. A través de esto se lleva a las personas a la ejecución y a mejores resultados de negocio. Involucración × Convicción × Ejecución = Resultados.

- **Regla 5**. Suministrar oxígeno para el alma. El reconocimiento adecuado, intencional y bien dirigido, en el momento exacto, es oxígeno para el alma. Es la herramienta ideal para proporcionar un rumbo y asegurar que las personas apuntan en la dirección correcta y aportan valor cada día. Como líderes, es clave confiar en los miembros del equipo, apoyarlos y ayudarlos a crecer y evolucionar. Además, si se les reconoce su esfuerzo y sus resultados, seguramente se sentirán satisfechos y orgullosos de su aportación al equipo. Esa confianza generada durante el proceso es la gasolina que mantiene la motivación ardiendo durante más tiempo.

> La vida es una suma de todas tus elecciones. Entonces, ¿qué estás haciendo hoy?
>
> ALBERT CAMUS

Agradecimientos

Quisiera expresar mi más sincera gratitud a las personas que quiero y que sé que me corresponden, a pesar de todo: mi familia.

Más allá de la distancia, que constantemente se manifiesta y nos golpea con fuerza, recordándonos que nos observa, que está presente, que es la que manda y que es dueña absoluta de nuestro destino, debo decir que no sería nadie sin vosotros. Nada, absolutamente nada de lo que hago (de lo que he hecho y haré) tendría algún significado si no fuera por vosotros cuatro (papá, mamá, Any, Cami...). Sois todo y, al mismo tiempo, lo único que tengo. Por lo tanto, estas pocas palabras, en esta página olvidada al final de este producto industrial fabricado con quién sabe cuántos árboles, tinta y plásticos que sufrirán y perecerán con el paso del tiempo, aspiran a ser leídas algún día por los lectores de esta obra y, ojalá, también por vosotros. Con ellas, espero poder honrar al menos una pequeña porción de la grandeza de lo que sois como personas y todo aquello que representáis para mí.

A papá: te doy las gracias por enseñarme todo lo que sé, por ayudarme a convertirme en la persona que soy hoy y por todas las oportunidades que me has brindado. Cada día, al levantarme y mirarme al espejo para decirme que puedo enfrentarme al mundo yo solo, veo reflejos muy nítidos de ti que me motivan a no rendirme nunca. Constantemente me pregunto cómo es posible que hayas invertido tanto en mí; creo que nunca nadie ha hecho algo similar por una persona. Desde muy temprano, me enseñaste la importancia de los valores, la constancia, la disciplina, el trabajo, el carácter y la templanza. A mi edad, aún estoy explorando y descubriendo el significado de estas grandes palabras. Sin embargo, hoy, con esta copia de mi libro en las manos como evidencia, puedo decir que la constancia, la disciplina y el trabajo duro finalmente me han ayudado a lograr algo de lo que me siento realmente orgulloso en la vida. Esta experiencia ha sido para mí una prueba de que las habilidades y atributos que inculcaste en mí hace muchos años son realmente valiosos en este mundo loco, disparatado e incongruente en el que vivimos.

A mamá: si no fuera por ti, no conocería el verdadero significado del cariño y el amor incondicional. ¡Qué afortunado soy! A veces, lo doy por sentado, como si todos tuvieran el privilegio de contar con alguien como tú en sus vidas... ¡Qué tonto e insensato que soy! Gracias por tu apoyo, infinita paciencia y por estar presente cada día. Cuando te envié la primera copia del manuscrito de este libro, mencioné que gran parte de las ideas plasmadas eran pura fantasía; un mero producto, tal vez disfuncional y averiado, del ruido y bullicio mental que hay en mi cabeza. Sin embargo, también me gusta pensar, y ojalá tú también lo vivas de la misma manera, que todo esto te permitirá conocerme aún mejor. Una de las grandes lecciones que he aprendido al poner todas estas ideas en el papel es que somos más parecidos de lo que jamás había pensado. ¡Y eso me llena de orgullo! ¡Gracias!

A Any: en alguna ocasión leí, o vi, aunque ya no recuerdo dónde, que la lucha es una de las hermanas de la cultura y el conocimiento. Creo que la razón por la cual recuerdo estas palabras al pensar en ti es porque me has enseñado y demostrado, en múltiples ocasiones, que la lucha, la revolución, la cultura, el conocimiento y las ideas pueden coexistir en un mismo cuerpo, una misma alma, una misma mente. Te estaré eternamente agradecido por enseñarme dos de las lecciones más valiosas para un hombre en el albor de su vida adulta: la primera, que el coraje forja a las grandes personas en este mundo, y la segunda, que una sonrisa honesta y genuina puede ser la palanca que ayuda a mover el mundo.

A Cami: ¡gracias por mantenernos a todos unidos! Es una gran responsabilidad y nadie en este mundo podría hacerlo mejor que tú. Estoy orgulloso de la persona en la que te has convertido; alguien que asume con grandeza múltiples roles cada día (padre, profesional, esposo, hijo, hermano, consejero, mentor y más...). Yo no tengo ni la mitad de esos roles y, muchos días, ni siquiera logro manejarme a mí mismo y a las pocas personas que me rodean.

Finalmente, quisiera agradecer y reconocer a todas las personas en este pequeño mundo que, cada día laborable, se levantan al sonido insufrible del despertador, se preparan y ponen su mejor cara (aunque no sea el mejor día o momento de sus vidas), se trasladan y van a trabajar para soportar a jefes que no cesan de dictar órdenes sin sentido durante horas. ¡Esto también es para todos vosotros! Para todos aquellos que tienen, han tenido o tendrán jefes de mierda. No sé cuál es la solución; no obstante, puedo animaros y deciros que no estáis solos, y que cada uno de vosotros puede ser mejor que ellos; no tenéis que ser como ellos. Vosotros podéis ser la salvación para la próxima generación en el mundo organizacional y laboral. Espero que las ideas en estas páginas ayuden a generar conciencia y cocrear un estilo de trabajo y de liderazgo un poco más sensato. ¡Nos lo merecemos todos!

> Todos los días la gente se arregla el cabello, ¿por qué no el corazón?
>
> CHE GUEVARA